O Oráculo da Deusa

Um Novo Método de Adivinhação

O Oráculo da Deusa

Um Novo Método de Adivinhação

Amy Sophia Marashinsky

Tradução
ZILDA HUTCHINSON SCHILD SILVA

Editora
Pensamento
SÃO PAULO

Título do original: *The Goddess Oracle.*

Copyright © 1997 Amy Sophia Marashinsky.

Copyright da edição brasileira © 2000 Editora Pensamento-Cultrix Ltda.

2ª edição 2021 - 1ª reimpressão 2022.

Essa edição possui capa e embalagem novas, mas seu conteúdo se mantém inalterado.

Arte-final da edição original © 1997 Hrana Janto.

Publicado originalmente nos EUA em 1997 por Element Books, Inc., Boston, MA 02114, USA.

Todos os direitos reservados. Nenhuma parte deste livro pode ser reproduzida ou usada de qualquer forma ou por qualquer meio, eletrônico ou mecânico, inclusive fotocópias, gravações ou sistema de armazenamento em banco de dados, sem permissão por escrito exceto nos casos de trechos curtos citados em resenhas críticas ou artigos de revistas.

A Editora Pensamento não se responsabiliza por eventuais mudanças ocorridas nos endereços convencionais ou eletrônicos citados neste livro.

Dados Internacionais de Catalogação na Publicação (CIP)
(Câmara Brasileira do Livro, SP, Brasil)

Marashinsky, Amy Sophia
  O oráculo da Deusa : um novo método de adivinhação / Amy Sophia Marashinsky ; tradução Zilda Hutchinson Schild Silva. - 2ª ed. - São Paulo : Editora Pensamento Cultrix, 2021.

  Título original : The goddess oracle.
  Bibliografia.
  ISBN 978-65-87236-64-3

  1. Mulheres - Vida religiosa 2. Oráculos 3. Religião da Deusa I. Título.

21-54807   CDD-133.3248

Índices para catálogo sistemático:
1. Oráculo da Deusa : Artes divinatórias 133.3248
Aline Graziele Benitez – Bibliotecária – CRB-1/3129

Direitos de tradução para o Brasil adquiridos com exclusividade pela
EDITORA PENSAMENTO-CULTRIX LTDA., que se reserva
a propriedade literária desta tradução.
Rua Dr. Mário Vicente, 368 – 04270-000 – São Paulo, SP – Fone: (11) 2066-9000
http://www.editorapensamento.com.br
E-mail: atendimento@editorapensamento.com.br
Foi feito o depósito legal.

Sumário

Agradecimentos 7

Prefácio 9

Introdução 15

A Visita ao Oráculo 19

PRIMEIRA PARTE: *Como Usar o Oráculo* 21
              1. *Ritual* 23
              2. *Como Invocar o Oráculo* 28
              3. *As Seqüências* 31

SEGUNDA PARTE: *As Deusas* 39

TERCEIRA PARTE: *As Cartas* 191

Bibliografia 196

Dedico este livro, com honra, respeito e amor, a meus amigos
CHARLES LAWRENCE
e
SUSUN S. WEED
mestres, mentores, pessoas corajosas e impetuosas
que trilham o Caminho.
Por seu trabalho neste mundo, por seu amor pela vida,
por sua dança da totalidade.
Eu agradeço por me inspirarem e por serem parte da minha
dança neste planeta Terra.

— AMY SOPHIA MARASHINSKY

* * *

À memória do meu pai, Martin Janto.
Seu amor incondicional, seu apoio, encorajamento e sua inabalável
força de caráter ainda ressoam em mim.

A David Sheppard, com infinito apreço por sua integridade,
paixão e riqueza de alma.
Obrigada pelo que você é e por tudo o que você faz.
Eu te amo!

— HRANA JANTO

Agradecimentos

Quero começar oferecendo meu agradecimento às Deusas que aparecem no livro. Sem sua disposição de falar comigo e por meu intermédio, *O Oráculo da Deusa* não existiria.

Embora eu tenha passado longas horas escrevendo *O Oráculo da Deusa*, o livro que você tem em mãos só pôde ser publicado, tornar-se palpável, real, com a ajuda, o cuidado, a dedicação, a confiança, o apoio e a proteção das seguintes pessoas: Paul Cash, Hrana Janto e Dave Sheppard; Alexandra Tait; Larry, Janie, Joshua, Sam e Isaiah Machiz; Meg White; Barbara Feldman; Lawrence Lyons; Alisa Starkweather; Barbara Scymanky; Roger Woolger; Robin e Stephen Larsen; Cynthia Bilder; Susun S. Weed; Michael Dattore; Berkana Gervais; Jana Vilner; Julie King; Judith Havrilla; Kris Papoulo; James Wanless; Thomas Cumella; Shiva e Lakoka; Hollis Melton; Roberta Scimone; e Skye Alexander.

Saibam que todos vocês foram importantes, cada um à sua maneira, ajudando-me a criar este livro. Guardo todos no meu coração com gratidão.

Minha gratidão ainda para meu marido, Hans-Günther Kern, que cozinhou para mim, leu os manuscritos, fez sugestões, me encorajou e me provocou. Obrigada, meu amado, por continuar desafiando todos os pontos nos quais eu preciso "dançar" a totalidade.

— AMY SOPHIA MARASHINSKY

* * *

Muitos agradecimentos às minhas comunidades: Dance New England, Stone Mountain Farm, Frolic Folk. Obrigada pelo deleite e pela graça do Espírito que inspira estas imagens — Obrigada a você, Deusa! Agradecimentos especiais àqueles que me ajudaram a realizar este projeto: Phyllis Janto, Amy Sophia Marashinsky, Terry Buske, Chris Welles, Roberta Scimone, Paul Cash, Robin Larsen, Alexandra Tait, Sena, Bea Ehrsam, Annabelle, Jennifer, Judith e Al Havrilla, Corin, Lisa e Paul Kennedy-Spielman, Greta e Mikio, Annie Loney, Carrie Chapman, Abha, e todas as mulheres que graciosamente posaram como modelos para muitas destas pinturas.

— HRANA JANTO

Prefácio

Por que a Deusa? Acaso precisamos mesmo de outra divindade, de outra religião, de alguma coisa diferente para venerar?

Se existe um Deus, não deveria existir também uma Deusa? Não é disso que trata a Criação — as energias masculinas e femininas juntando-se para criar vida nova? Sem a mulher não pode existir vida nova.

Se os seres humanos foram criados à semelhança do Criador, e existe apenas um Deus masculino, à imagem de quem foram criadas as mulheres? John Bradshaw diz que os filhos observam os pais, seu modelo de comportamento. Se você vive numa cultura em que há apenas um Deus masculino e nenhuma Deusa, onde está o modelo para o feminino? Como as meninas podem aprender a ser mulheres sem a Deusa?

Fui criada à maneira judia nos anos 50, o que significa que fui educada para acreditar num Deus onipotente que criou os homens à sua imagem. Imagens femininas, por outro lado, não eram tão positivas. Levaram-me a acreditar que Eva foi responsável pela expulsão do Jardim do Éden. Perdeu-se o Paraíso por causa de uma mulher, uma serpente e uma maçã. Disseram-me que todas as mulheres sofrem ao dar à luz por causa de Eva. E Lilith, a primeira esposa de Adão, que o abandonou porque não queria deitar-se embaixo dele durante o ato sexual, foi considerada um demônio e raramente é mencionada.

Essa visão de mulher como mal, como bode expiatório, como tentadora e sedutora não era muito enaltecedora para mim como jovem mulher. Assim, fiz o que muitas garotas que se sentem desvalorizadas fazem. Decidi crescer e ser o melhor "homem" para o trabalho. Quem quer ser um bode expiatório? Quem quer ser considerada responsável pela perda do Paraíso?

Muito embora eu reprimisse minha natureza feminina para conseguir ser bem-sucedida num mundo masculino, ainda assim tive dificuldades para engolir os valores judeu-cristãos com que fui educada. Eu não conseguia acreditar que metade do mundo fosse inferior porque era feminina, isto é, não criada à imagem e semelhança de Deus. Eu precisava descobrir a verdade.

Muitos anos e muitos livros depois, descobri que, antes do patriarcado e do Deus masculino, houve uma Deusa que todos os povos da antigüidade veneravam e respeitavam. Descobri que houve uma época em que as mulheres eram respeitadas, em que as mulheres eram juízas, ditadoras das leis, oficiais, sacerdotisas, regentes, proprietárias de terras — uma época em que as mulheres tinham poder. E descobri que a história é o relato de uma tomada hostil do poder da civilização da Deusa pelos Deuses guerreiros masculinos. Finalmente, eu havia chegado à verdade.

O que essa descoberta fez por mim foi confirmar o meu ser feminino. Sim, houve e há uma Deusa, e fui criada à imagem dela. Por fim, descobri modelos de papéis femininos. Eu podia ser qualquer coisa e fazer qualquer coisa porque isso fazia parte de ser uma mulher.

É importante que as mulheres recuperem a Deusa — não apenas uma Deusa, mas todas elas. Quanto mais Deusas conhecermos, mais poderemos celebrar, honrar e respeitar a diversidade do espírito feminino. Se festejarmos, honrarmos e respeitarmos a diversidade das Deusas, então poderemos fazer o mesmo por nós.

Por que a Deusa? Porque somos mulheres, mulheres diferentes, que precisam ver o Feminino Divino refletido de volta para nós — de nós para nossas Deusas e delas para nós. Porque todas as mulheres são a Deusa, e está na hora de nos vermos dessa maneira.

Depois de muitos anos entrando em contato com a Deusa, ajudando cursos e grupos para o fortalecimento das mulheres e conduzindo cursos de iniciação para sacerdotisas xamânicas, a artista Hrana Janto perguntou-me se eu gostaria de juntar-me a ela na criação de um baralho de cartas da Deusa. O convite veio num momento difícil para mim, quando eu estava lutando com o fim de um relacionamento íntimo de 23 anos e com o afastamento de minha família.

Quando mergulhei entusiasmada no projeto, vi-me engolida por uma dor que eu não havia *digerido* completamente. Meu sistema imunológico sofreu danos. Caí em depressão. Sentia-me fragmentada e fraca, uma vítima, e estava muito zangada. Como poderia escrever sobre totalidade?

Se ia escrever sobre o caminho para a totalidade por meio da Deusa e do ritual, decidi que eu mesma deveria vivenciá-lo diretamente antes de tudo. Resolvi deixar que a Deusa me ajudasse a tecer novamente a trama no tecido do meu ser. Decidi render-me a ela.

Todos os dias eu extravasava minha dor tocando tambor (ver **Coatlicue**, pp. 63-66). A saúde passou a ser minha prioridade. Desci aos lugares mais sombrios e dancei com aquelas forças arquetípicas da dor e do horror no espaço ritualístico, até ouvir a voz da Deusa. A voz era de **Kuan Yin**. Ela me contou que meu enigma se relacionava com a compaixão. Então apareceu a **Senhora das Feras**, que disse que os relacionamentos não significam apenas dor. Em seguida, veio **Pachamama**, que prometeu estar sempre comigo.

Lamentei não ter sido capaz de tomar conta de mim mesma. Foi isso que me trouxe a dor. Pedi desculpas a mim mesma, pois merecia essa dor que eu mesma e mais ninguém havia criado. Continuei a analisar todas as partes da minha personalidade que me haviam trazido até aqui. Assim que consegui fazer isso, fui capaz de dançar a dança curativa de reverenciar a dádiva oculta no sofrimento, uma dança que continuo a dançar.

No momento em que pensei estar livre do perigo, encontrei minha alma gêmea e fui jogada novamente ao fogo para mais purificação. Fiquei doente durante quatro meses, até **Sulis** me ajudar a curar a mim mesma.

Em seguida as **Erínias** explicaram que, quando meu parceiro está em crise, eu estou em crise. Ouvi **Hator** me dizer para lembrar de me dar algum prazer. **Cerridwen** falou comigo sobre a morte e o renascimento. **Durga** ajudou-me a estabelecer limites mais definidos. Todas elas vieram. Todas as Deusas. Enquanto aprendia algo com cada uma delas, e sobretudo comigo mesma, compreendi que sou um todo.

A jornada rumo à totalidade não é algo que se possa fazer da noite para o dia. É uma dança composta de vários passos, com muitos parceiros, muitas voltas e rodopios, muitas músicas, muitos estilos. Ela é imprevisível. E leva tanto tempo quanto for necessário.

Totalidade é tudo que faz parte do modo como vivemos nossa vida. É o modo como enfrentamos os desafios e o que fazemos com eles. Totalidade é como dançamos a dança da vida. Dançamos com graça e felicidade? Ou dançamos com resistência e dificuldade? A nossa dança é aérea ou terrena? Fogosa ou aquática?

A única coisa previsível na vida é que seremos desafiadas. É dessa forma que crescemos e evoluímos. Como responder e o que fazer com esses desafios somos nós que decidimos. A totalidade começa quando reconhecemos isso e fluímos com esse conhecimento.

Totalidade diz respeito a reintegrar os aspectos da personalidade. Não podemos ser inteiras quando temos aspectos ocultos de nós mesmas no que Jung chamou de sombra. Não podemos ser um todo quando achamos aspectos de nosso ser tão inaceitáveis que os mantemos num compartimento com o rótulo "não abra por 10 mil anos". A totalidade começa quando podemos chamar todas as nossas partes de volta para casa — as escuras e as claras, as "boas" e as "más", as agradáveis e as desagradáveis — e oferecer-lhes uma festa de boas-vindas.

Totalidade diz respeito à força. É a capacidade de ser flexível diante dos desafios da vida. A totalidade é esse espaço que temos à nossa volta que nos dá a possibilidade de manobrar e encontrar respostas. Totalidade é um modo de viver que usa tudo o que recebemos. É um modo de ver a vida que é transformador e ativo, em vez de estático e passivo.

Os desafios para alcançar a minha totalidade continuam, e agora eu sei que eles nunca cessarão. Aprendi que querer ser íntegra traz desafios constantes que tenho de aceitar e acolher no círculo de totalidade que eu busco. Preciso desses desafios para fortalecer e criar minha totalidade. Totalidade não é um destino, mas uma jornada de transformação.

O Oráculo da Deusa: Um Novo Método de Adivinhação é exatamente isso. Tem sido o meu caminho para a totalidade, e agora eu o ofereço a você.

A.S.M.

Introdução

Sempre houve oráculos, e as pessoas sempre os usaram. Seja para predizer um dia infeliz, confirmar a escolha do marido, localizar animais para uma caçada bem-sucedida ou conhecer o resultado de uma batalha, faz parte da condição humana querer saber, preparar e tornar seguro o desconhecido — o futuro.

A palavra *oráculo* significa "falar". Também significa "comunicação divina em resposta a uma súplica ou pedido". Acreditava-se que os oráculos faziam seus pronunciamentos quando possuídos por uma divindade, a Deusa ou Deus. Essas mensagens divinas podiam ser enigmáticas, e algumas vezes era necessário interpretá-las. O Mikô, xamã cego do norte do Japão, até hoje pronuncia seus oráculos em japonês arcaico, que têm de ser traduzidos para ser entendidos. Muitas vezes um oráculo opta por falar num lugar onde as energias terrenas são especialmente fortes ou sutis. (Por exemplo, o oráculo de Delfos, na Grécia antiga, ficava nas encostas do monte Parnaso.)

Os oráculos da antigüidade eram proferidos por sacerdotisas cuidadosamente escolhidas e treinadas. A sacerdotisa se preparava para a sessão oracular tomando banho numa lagoa ou fonte sagrada. Em seguida, vestia o traje com os adornos rituais e entrava num estado de transe profundo. O transe podia ser induzido pelo uso de ervas alucinógenas sagradas ou por ligação espiritual direta. Uma vez em transe, a Deusa falava por seu intermédio. Às vezes a comunicação oracular era recebida em sonhos. As sacerdotisas ou os consulentes dormiam em determinado lugar, que diziam estar pleno da presença da Deusa ou de Deus, e obtinham as respostas aos seus pedidos por meio dos sonhos.

O *Oráculo da Deusa* foi criado para dar à consulente (você) fácil acesso às Deusas. Este instrumento de transformação compõe-se de um baralho de cartas e de um livro. Você faz a pergunta, embaralha as cartas e escolhe uma ou mais.

O *Oráculo da Deusa* consiste em retratos de 52 Deusas celebrando os 52 modos inigualáveis como o Feminino Divino tem se manifestado e sido adorado em culturas de todo o mundo, desde o início dos tempos. Essas 52 faces do Feminino Divino retratam toda a beleza dos três estágios sagrados da vida: donzela (ou juventude), mãe (ou maturidade) e mulher idosa (ou a velhice).

No livro estão incluídas Deusas de uma grande variedade de culturas do mundo todo, não só as do panteão greco-romano e europeu, com as quais os ocidentais estão familiarizados. As Deusas apresentadas aqui foram escolhidas por meio de uma combinação de pesquisa e comunicação direta, o que significa que deixei que elas próprias falassem por meu intermédio. Elas escolheram expressar-se por meio da poesia vívida, lírica, que inicia cada uma das 52 seções sobre as Deusas e abre o caminho para você entrar em contato com elas. Em seguida, apresento um breve relatório sobre a origem mitológica e cultural de cada Deusa, para colocar a leitora em contato com o mundo delas. Depois há uma interpretação do que significa quando ela aparece no seu jogo, do que ela está lhe dizendo. Finalmente, há uma sugestão de ritual que você pode usar para trabalhar com a energia que essa Deusa em particular incorpora.

Cada uma das 52 Deusas que embelezam O *Oráculo da Deusa* representa um aspecto ou energia específica na sua vida (ver as cartas, pp. 191-195). A Deusa sabe que, por certo, existem mais do que

52 aspectos, porém, para a finalidade deste livro e do baralho, tinha de haver um limite. Esses 52 aspectos comuns à experiência humana são desafiados pela vida. Quando você escolhe determinada carta, ela a orienta levando-a a olhar para o que você precisa focalizar na sua vida. Quando você traz esse aspecto para a sua consciência e trabalha com ele, seu efeito muda. O *Oráculo da Deusa* é um mapa que diz onde você está e o que você precisa fazer para chegar aonde quer.

O *Oráculo da Deusa* ajuda você a entrar em contato com o presente de um modo que pode ajudá-la a criar o futuro. Ele sugere rituais para trabalhar ativamente com a energia de uma situação específica. Quando a energia flui, as situações podem mudar e essa mudança facilita a transformação. Quando a energia está estagnada ou bloqueada, é difícil que ocorra uma transformação. O *Oráculo da Deusa* oferece um caminho para desbloquear e movimentar a energia.

Às vezes você se sente presa ou tão esgotada e sobrecarregada com seus problemas ou com sua situação que esquece de se alimentar. E algumas vezes você esquece que os desafios podem ser redefinidos como aliados, e então usados para alcançar a totalidade. O *Oráculo da Deusa* está aqui para ajudá-la na sua busca pela totalidade e para lembrá-la de que, quando alimenta a totalidade, você pode fluir com a energia de qualquer situação que se apresente. De um lugar de totalidade até mesmo o futuro parece seguro.

A Visita ao Oráculo

A subida da montanha para chegar ao templo da Deusa é íngreme e esgota toda a minha energia e quase toda a minha concentração para escalar. Meu coração está agitado, batendo aceleradamente. Não sou idosa nem jovem, e começo a suar com o esforço. Não posso dizer qual é o clima, pois estou sendo devorada pelo meu problema.

Chego ao templo e toco o gongo. Uma sacerdotisa aparece e, sem dizer palavra, faz gestos intimando-me a acompanhá-la. Ela me leva para dentro, para um local onde eu me sento e tiro as sandálias. Ela coloca um recipiente grande sob meus pés, em seguida pega um jarro e derrama um pouco de água perfumada e revigorante sobre eles. Ela os enxuga com uma toalha e unta-os com óleo aromático. Sinto-me refrescada e renovada. Ela me leva para o labirinto externo e me saúda como a Deusa, depois se volta e me deixa só. Sim, eu sou a Deusa, agora me lembro disso.

Entro no labirinto, respirando profundamente, caminhando devagar, entregando-me. À medida que o meu ser começa a desatar o nó que é o meu problema, noto o dia, o vento, as árvores, a terra. Sinto-me fundir no ser maior que é a Deusa. Sim, eu sou a Deusa.

Ando por um caminho em espiral, símbolo labiríntico da Deusa. Sinto o aroma forte do incenso quando me aproximo do centro do labirinto, *e a fumaça é tão densa que mal distingo a figura mascarada da pitonisa, oráculo e voz da Deusa. Quando me ajoelho diante da grande sacerdotisa, relato meu problema e peço uma resposta, sabendo com toda a certeza que receberei o que preciso e que tudo ficará bem.*

Primeira Parte

Como Usar o Oráculo

1

Ritual

O ritual é a forma e a estrutura que possibilitam que seu espírito voe livre. É o espaço sagrado que você cria e que permite que você abra as partes mais profundas de si mesma. É a magia que você faz para si, para seu círculo de entes queridos, para sua comunidade. O ritual é um jogo.

O ritual é transformador. Você o inicia num estado de espírito e termina em outro. O que acontece é uma alteração na consciência que pode ser maior ou menor. Para que um ritual grupal seja transformador é preciso que todos os participantes se envolvam ativamente. Um ritual eficaz a transformará, um ritual ineficaz a entediará.

O ritual contribui para a sua totalidade ao oferecer segurança e liberdade suficientes para que todos os seus aspectos se expressem e ao permitir que você nade e galope com o Sagrado.

As sugestões de rituais listadas neste livro são apenas isso: sugestões. São rituais que fazem parte do que eu faço e que funcionam para mim. Você pode seguir à risca minhas sugestões ou tirar delas unicamente o que considerar correto. Pense em criar seu próprio ritual. Talvez o contrário de um ritual sugerido funcione melhor para você. Tudo é oferecido com o espírito da inspiração. O que você vai fazer é uma decisão sua. Quanto mais você envolver todos os seus sentidos e todos os seus aspectos no ritual, tanto mais profundos serão os resultados que obterá.

Depois de pelo menos doze anos de pesquisa e cuidadosa reflexão, descobri uma forma de executar um ritual que implica alguns ingredientes:

1. **Falar com franqueza**: ajuda você a dizer onde está na vida. Você não pode ir a nenhum lugar a menos que saiba e admita onde está. Nada muda enquanto você não aceitar essa realidade. Como você chegará ao Maine se não souber em que lugar de Nova York está? Dar um nome a uma coisa a torna mais palpável. O que é palpável pode ser transformado.
2. **Imaginação ativa**: permite que você acesse o inconsciente. Pacientes com câncer imaginaram figuras do "Pac-Man" para destruir as células cancerígenas a fim de recuperar-se. Atletas que alcançam estados alfa (estados de transe profundamente relaxados) e se visualizam obtendo excelência no esporte conseguem melhorar seu desempenho. Você pode facilitar a transformação usando técnicas de viagens da imaginação para chegar ao âmago do seu inconsciente.
3. **Dançar, tocar tambor, cantar**: permite que você movimente a energia que deve ser transformada no nível celular, físico. Depois de trabalhar com o eu consciente falando com franqueza, depois de chegar ao inconsciente por meio da imaginação ativa, você precisa trabalhar com o corpo físico. Quanto mais todo o seu ser estiver envolvido no processo, tanto mais profundo será o nível da transformação. Portanto, é divertido dançar, tocar tambor e cantar!

Não há modo certo ou errado de fazer o ritual. Eis alguns dos elementos que uso nos meus rituais:
- criar um círculo, visualizando-o ao meu redor ou percorrendo um caminho circular em volta do espaço no qual o ritual será executado;

- queimar incenso ou untar-me com óleo para purificar o espaço;
- invocar os elementos/pontos cardeais para criar um espaço sagrado, o espaço entre os mundos;
- invocar a Deusa, Deus e tudo o mais que precise ser invocado;
- elevar a energia dançando, tocando tambor, cantando, fazendo uma viagem xamânica ou o que for necessário;
- enviar a energia que foi elevada;
- liberar a Deusa e Deus;
- liberar os elementos/pontos cardeais;
- reabrir o círculo.

No ritual, faz-se um círculo para criar um espaço sagrado dentro do qual se possa trabalhar com conforto e segurança. O círculo retém a energia intensa e positiva do ritual e mantém a distância as energias indesejáveis. Chamar, invocar ou convidar algo (os elementos ou pontos cardeais, a Deusa ou Deus, por exemplo) significa convocá-los a estar presentes. Invocar os elementos/pontos cardeais (forças arquetípicas) também ajuda você a definir e manter o espaço sagrado, fazendo do seu espaço ou círculo um recipiente seguro para trabalhar. Isso é feito com respeito, dignidade e amor. O mesmo acontece quando você libera o que convocou no final do ritual. Gratidão é importante; gentilmente agradeça a presença de todos os que você convidou a participar do seu ritual. Um relacionamento carinhoso, respeitoso com as Deusas, os Deuses e com outras energias e forças vai garantir que eles continuem a trabalhar com você.

Uma das partes mais importantes do ritual é a alegria. Não hesite em criar o maior prazer para si mesma nos rituais. Contanto que ninguém seja prejudicado, incluindo você mesma, tudo é permitido. Nossa sociedade patriarcal tem dificuldade para lidar com a alegria, o divertimento e o prazer. Basta ver os *outdoors* e comerciais. Eles dizem que você só pode ter alegria se estiver usando as roupas certas, dirigindo o carro certo, consumindo os produtos certos. Se você estiver tentando viver como lhe ensinaram, talvez seja difícil ligar-se ao prazer real. O ritual é um lugar seguro para você entrar em contato com o prazer, a alegria, o êxtase.

Você não precisa de nenhum instrumento para o ritual, mas se eles fazem com que você se envolva mais e se ligue ao seu aspecto mágico, então use-os. Liberdade é também importante. Às vezes, quando trabalho em ambientes muito controlados, o ritual matutino se transforma na minha dose diária de liberdade!

Os rituais apresentados neste livro são sugestões de modos de trabalhar e transformar a energia que uma determinada Deusa representa. Muitos deles são apresentados na forma de viagens da imaginação. Uma viagem é um estado de profundo relaxamento, um estado alterado de consciência. Ela difere da meditação, pois, em vez de concentrar-se em algo como a respiração, a luz ou um mantra, você viaja e vive uma realidade alternativa como o Inferno, o Além, o Céu ou outra realidade criativa.

Há muitas maneiras de viajar. Você pode fazê-lo cinestesicamente (por meio do corpo) ou visualmente, formando imagens mentais. Você pode viajar com o som, com os sentidos ou com os sentimentos. E você pode viajar de um jeito que só você sabe. Qualquer que seja o modo que escolher, confie que esse será o melhor para você. Entregue-se ao seu modo de viajar, sabendo que conseguirá o que precisa.

Um fenômeno que às vezes ocorre nas viagens das pessoas é a "polícia de viagem". Normalmente ela representa o aspecto da figura de autoridade na psique da pessoa. Enquanto você viaja, ela pode chamá-la e pedir para ver o que lhe dá o direito de viajar. Você terá de reconhecê-la, agradecer a ela por compartilhar com você e voltar diretamente à sua viagem.

Muitas das viagens deste livro podem ser feitas como rituais físicos. Se você mora num lugar onde é seguro trabalhar ao ar livre, aproveite para fazê-lo. Faça o que lhe proporciona bem-estar — a escolha é sua. Embora essas sugestões de rituais sejam apresentadas para uso individual, elas podem facilmente ser realizadas em grupo.

O foco de *O Oráculo da Deusa* está na proteção e na descoberta do que é certo para você. Deixe de lado qualquer necessidade de "fazê-lo corretamente" e ouça o que você precisa fazer por si mesma. *O Oráculo da Deusa* está aqui para apoiá-la no seu caminho de proteção.

2

Como Invocar o Oráculo

Há muitas maneiras de tecer O Oráculo da Deusa em sua rede pessoal de apoio. O número de modos de entrar em contato com as Deusas é tão grande quanto o número de mulheres.

Siga as seqüências (uma seqüência é o modo de dispor as cartas na mesa) listadas no próximo capítulo, crie sua tiragem pessoal ou use as seqüências dos seus oráculos prediletos. Leia a descrição das cartas no livro ou use-as simplesmente para estimular as Deusas a falar diretamente por você. As cartas foram destinadas a evocar uma qualidade específica enquanto deixam espaço para sua imaginação e intuição.

Reserve um horário em que você não seja interrompida. Talvez você queira queimar incenso ou acender uma vela — algo para significar que não se trata de um espaço e de um tempo comuns, mas mágicos. Respire até sentir-se calma e centrada. Então peça apoio às Deusas. Você pode falar sobre a sua situação específica, como por exemplo: "O que devo fazer para ter sucesso?" Ou você pode pedir proteção generalizada, pode pedir ajuda ou fazer uma pergunta. Certifique-se de pedir o que precisa de uma forma clara, concisa e inequívoca.

Embaralhe as cartas enquanto se concentra na sua necessidade ou pedido particular. Quando sentir que está pronta, comece escolhendo uma carta e virando-a para cima. Tome um tempo para sentir realmente a presença da Deusa diante de você. Sinta que ela a está preenchendo com a qualidade que representa. Então, quando se sentir disposta a continuar, passe à carta seguinte e assim por diante, até virar todas as cartas.

Agora consulte a seção do livro que descreve as Deusas que você escolheu e leia sobre elas e seus significados com relação à sua pergunta. Ou simplesmente deixe as imagens desenhadas nas cartas falarem intuitivamente com você. Talvez você queira meditar sobre essas imagens e observar o que vem à sua consciência.

O modo mais simples de usar *O Oráculo da Deusa* é tirar uma única carta. Faça a pergunta e abra seu coração para a resposta enquanto embaralha as cartas. Quando estiver pronta, pegue uma carta. Eis algumas perguntas que podem ser feitas quando se tira apenas uma carta:

- O que eu preciso saber sobre a situação que estou enfrentando agora?
- Como posso alimentar a totalidade nesta situação?
- Se fosse para eu fazer (diga o que) o que seria necessário para estar protegida?
- Que aspecto de mim mesma preciso proteger para obter a totalidade?

EXEMPLO: Carol queria mudar um pouco seu modo de expressão artística, mas não tinha certeza de como agir. Ela perguntou: "Que aspecto da minha personalidade preciso alimentar a fim de melhorar a minha criatividade?" A carta escolhida foi **Brígida**: *Inspiração*, que ela interpretou como a necessidade de extrair inspiração com mais profundidade de sua "fonte interior". Ela também precisava relaxar e abrir-se ao fluxo de energia criativa, confiando na intuição em vez de depender tanto do intelecto. Assim que fez isso, Carol sentiu-se inspirada a tentar algumas novas técnicas, e seu trabalho artístico ficou mais vívido e excitante.

Outra maneira de usar a simplicidade e a objetividade da carta única é perguntar: "Por qual das Deusas tenho de ser protegida hoje?" — e selecionar uma carta. Em seguida, coloque a carta da Deusa diante de você. Ao contemplá-la, sinta-se protegida por ela. Convide-a para andar junto com você hoje. Então visualize-se transformando-se nela.

EXEMPLO: Escolhendo **Durga: Limites**, você pode sentir que está segurando a espada da Deusa, montada num tigre, pronta para batalhar contra os demônios. Você pode sentir o poder da Deusa fluindo através de você, protegendo-a e ativando o fluxo do seu próprio poder. Você pode carregar a carta da Deusa no bolso ou colocá-la num altar, na porta da geladeira ou no computador como um lembrete.

Quando sentir que recebeu aquilo de que precisava, agradeça às Deusas pelo apoio e devolva as cartas ao baralho.

3

As Seqüências

A seqüência yoni

O *yoni*, ou triângulo com a ponta voltada para baixo, é o símbolo do Feminino. Segundo a *Women's Encyclopedia of Myths and Secrets* de Barbara Walker, "o *yantra yoni* ou triângulo é conhecido como a imagem primordial que representa a Grande Mãe como fonte de toda a vida".

A seqüência *yoni* alimenta a totalidade concentrando sua percepção em três aspectos do Eu Feminino: a Mulher Sábia, o corpo emocional e a sexualidade. Durante a época conhecida como patriarcado, o Feminino, e tudo o que era associado a ele, foi desvalorizado. Você não precisa de um sistema de adivinhação para saber disso. Apenas observe como a sexualidade feminina é temida, como as emoções das mulheres são desprezadas e ridicularizadas, como o arquétipo da Mulher Sábia é representado como uma bruxa má, e sua sabedoria denegrida como "contos da carochinha".

O modo de curar a ferida causada pelo patriarcado é, em primeiro lugar, reconhecê-la e em seguida perguntar o que se pode fazer para curá-la. Deixando que a ferida conte a sua história, você testemunha e valoriza a experiência. O que cura o sofrimento é a disposição de ouvir e então reconhecer a ferida.

A seqüência *yoni* ajuda você a curar o Eu Feminino dando a cada um dos seus três aspectos uma voz — a voz da Deusa. Pegue uma carta e ouça.

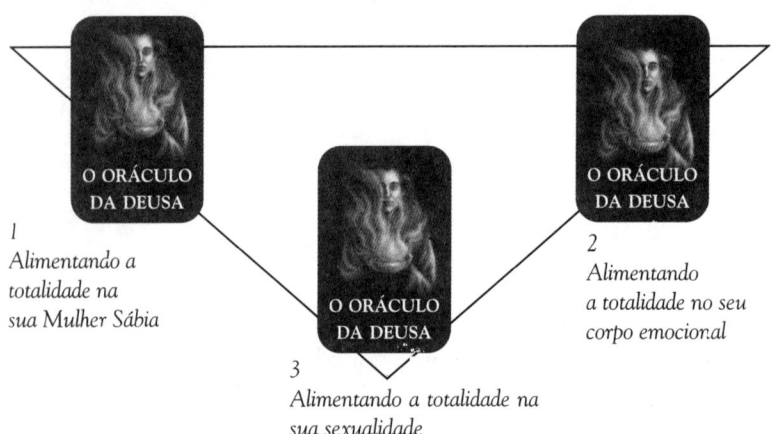

1
Alimentando a
totalidade na
sua Mulher Sábia

2
Alimentando
a totalidade no seu
corpo emocional

3
Alimentando a totalidade na
sua sexualidade

Diagrama da seqüência yoni

A primeira carta (ponta superior esquerda do triângulo) mostra como alimentar a totalidade na Mulher Sábia, a fonte de conhecimento e sabedoria interior feminina. A segunda carta (ponta superior direita do triângulo) representa como alimentar a totalidade no corpo emocional, como expressar os sentimentos em vez de reprimi-los. A terceira carta (ponta inferior do triângulo) indica o que é preciso para alimentar a totalidade na sexualidade, a fonte de poder energético e criativo. Ao combinar a energia inerente à Mulher Sábia, ao corpo emocional e à sexualidade, a seqüência *yoni* ajuda você a estabelecer um relacionamento correto com o Eu Feminino.

Algumas perguntas possíveis para a seqüência *yoni* são:

- Como posso alimentar a totalidade agora mesmo?
- Qual será o efeito no meu Eu Feminino se eu me abrir para (diga o nome da pessoa ou revele a situação sobre a qual você quer um conselho)?

EXEMPLO: Raquel tinha constantes e fortes cólicas menstruais. Ela tentou seguir todas as prescrições médicas: remédios, pílulas anticoncepcionais e mudanças na dieta. Eu sugeri que ela usasse a seqüência *yoni* do *Oráculo da Deusa*. O pedido de Raquel foi o seguinte: "Aconselhe-me sobre como alimentar a totalidade de modo que cessem minhas cólicas menstruais."

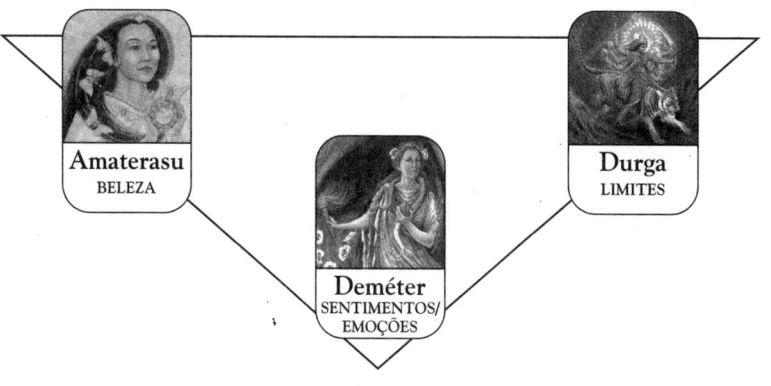

Diagrama da seqüência yoni *de Raquel*

Para a Mulher Sábia (primeira carta, ponta superior esquerda do triângulo), ela tirou **Amaterasu: Beleza**. Perguntei como se sentia em relação à Mulher Sábia, e Raquel disse que estava guerreando contra ela. Quando criança, tivera fortes lampejos intuitivos sobre o que tinha de fazer ou sobre as maneiras de agir em determinadas situações, porém sua mãe vivia insistindo que Raquel devia fazer tudo à maneira dela. Em geral, isso era desastroso para Raquel. Como adulta, ela não tinha uma base no passado para confiar na Mulher Sábia; no entanto, ainda tinha fortes lampejos de intuição. Isso a fazia sentir-se pouco à vontade e em conflito.

O aspecto da Mulher Sábia de uma jovem é alimentado se for ouvido e respeitado. Raquel interpretou que **Amaterasu**: *Beleza* significava que ela devia ver a Mulher Sábia como bela, como algo a apreciar em vez de combater.

No ponto relativo ao corpo emocional, **Durga**: *Limites* revelou-se: "Oh!", exclamou Raquel quando viu a carta, "não tenho limites, inclino-me a sentir-me sufocada pela minha reação emocional à vida, tanto que sentir minhas emoções pode ser doloroso ou confuso." Sugeri que, quando aprendesse a respeitar suas emoções e encontrasse um modo seguro de expressá-las criando limites bem definidos, ela não mais se sentiria sufocada por elas.

Deméter: *Sentimentos/Emoções* foi escolhida para o ponto da sexualidade. "Ela mostra que não estou em contato com minhas necessidades sexuais, com meus sentimentos sobre o sexo. Eu nego que os tenha", afirmou Raquel. "Vejo que isso é algo com que terei de entrar em contato e que terei de trabalhar para curar-me."

A seqüência dos opostos

No olho do furacão há calma e paz, e nesse lugar de tranqüilidade e paz há espaço para a visão. No lugar dos opostos, entre a tensão dinâmica de forças opostas conhecidas, você pode chegar à clareza. Entender as forças que atuam em determinada situação ajuda você a navegar pelo melhor caminho para si mesma.

A seqüência dos opostos usa quatro cartas. **Primeira carta**: Qual é a luz da situação, ou que aspecto precisa ser focalizado? **Segunda carta**: Qual é a sombra da situação, ou que aspecto oculto a está criando? **Terceira carta**: Qual é a atitude adequada à situação, ou o que pode ser feito? **Quarta carta**: Qual é a essência da situação, ou o que precisa ser vivenciado?

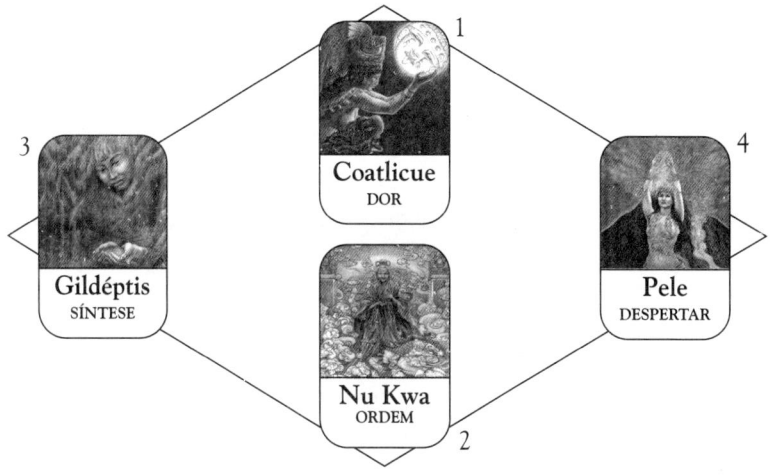

A seqüência dos opostos

Exemplo: Eu estava numa situação difícil. Três vezes por semana eu trabalhava em dois locais diferentes. O resto do tempo era gasto visitando clientes particulares, dando cursos, sendo minha própria agente de publicidade, fazendo meu aprendizado de dança xamânica sacerdotal e tentando ter uma vida social! Além disso, eu queria escrever os livros que ficava imaginando. Perguntei ao *Oráculo da Deusa*: "Como posso alimentar a totalidade na situação atual?" Eis as cartas que tirei:

Coatlicue: *Dor* apareceu como primeira carta — qual é a luz da situação, ou que aspecto precisa ser focalizado?

A segunda carta foi **Nu Kwa**: *Ordem*, para mostrar qual é a sombra da situação, ou que aspecto oculto a está criando.

Gildéptis: *Síntese* foi chamada ao círculo para mostrar qual a atitude adequada à situação, ou o que pode ser feito.

Pele: *Despertar* apareceu na minha seqüência para mostrar a essência da situação, ou o que precisa ser vivenciado.

Interpretei que as Deusas estavam dizendo que eu devia lamentar o fato de não ter tempo para mim mesma, o que sempre ocorria quando pensava em escrever. Assim, extravasei minha dor tocando tambor. Em seguida, a ordem criou essa situação. Eu tenho a tendência de estruturar meu tempo de forma muito rígida para poder cumprir todos os meus compromissos. O tempo para escrever em geral é relegado aos finais de semana, quando não estou dando cursos. Quando amigos me convidam para fazer coisas interessantes, no entanto, eu me revolto com o modo como organizei minha vida.

Talvez, em vez de estruturar meu tempo para escrever, eu precisasse de outra abordagem. Eu poderia buscar sintetizar várias áreas da minha vida e encontrar um fio comum, de forma a não dissipar minha energia. Talvez eu devesse deixar de lado algumas coisas, para sobrar mais tempo para mim mesma! Por último, eu precisava despertar a minha energia e ver meus escritos como enriquecedores e revigorantes em vez de enxergá-los como algo que me esgota e impede que eu me divirta.

A seqüência do grupo de apoio da Deusa

Um "grupo de apoio" é um grupo que ouve respeitosamente e oferece conselho somente quando é pedido. Quando usar O *Oráculo da Deusa*, você será ouvida respeitosamente e receberá conselho apenas se optar por ler o livro ou recebê-lo intuitivamente.

Embaralhe as cartas enquanto se concentra na sua necessidade ou pedido particular. Peça o apoio das Deusas. Defina a sua situação específica, por exemplo: "Apóie-me neste momento do meu relacionamento com X", ou peça proteção geral.

Quando se sentir pronta, comece a escolher as cartas da Deusa — quantas achar necessário. Talvez precise de apenas uma Deusa.

Talvez precise de 12. Depende de você. Coloque as cartas em círculo ao seu redor, com a figura para baixo. Quando estiver pronta, escolha uma carta e vire-a. Leve todo tempo que quiser para sentir a presença dessa Deusa antes de virar outra carta. Sinta-se dentro de um círculo cercada por todas as Deusas que você escolheu. Deixe que o grupo de apoio da Deusa alimente você. Ouça o que elas têm para dizer.

Quando sentir que recebeu aquilo de que precisava, agradeça às Deusas pelo apoio e libere-as do seu círculo. Ponha as cartas de volta no baralho.

O *Oráculo da Deusa* também pode ser usado em conjunto com seu sistema predileto de adivinhação (I Ching, runas, tarô, tarô dos viajantes, cartas medicinais, etc.). Depois de dispor as cartas ou jogar, pergunte ao *Oráculo da Deusa*: "Como posso usar a leitura que acabo de receber para alimentar a totalidade na minha vida?" O *Oráculo da Deusa* lhe oferecerá três visões intuitivas adicionais e expandirá o espectro de orientação que você recebeu do outro método de adivinhação.

Segunda Parte

As Deusas

Afrodite
AMOR

Quando abro meu coração
estou cheia
de um deleite tão intenso
de um êxtase tão doce
de um prazer tão profundo
O contato com meu amado
leva-me a todos os lugares
e a união
toca rapsódias em minha alma
Posso alcançar a união
quando alcanço a unidade
comigo mesma
Posso dançar em parceria
quando consigo dançar sozinha
Posso amar o outro
quando consigo amar a mim mesma

Mitologia

Afrodite, antiga Deusa-Mãe do Mediterrâneo, viajou para a Grécia quando os gregos colonizaram Canaã. Os gregos dizem que **Afrodite** nasceu da união entre o céu e o útero fértil do mar, quando o pênis castrado do antigo Deus do Firmamento, Urano, caiu no oceano. Embora seja tradicionalmente reverenciada em seus múltiplos aspectos, incluindo a batalha, os gregos, num esforço para assimilá-la, relegaram-na ao papel de Deusa do amor. Quando ela chegou ao Olimpo, Zeus, o Deus supremo, casou-a com Hefesto, o Deus coxo da ferraria. Ele fez para ela jóias requintadas, mas ela preferiu em sua cama o apaixonado Ares, Deus da Guerra.

Significado da carta

Afrodite está aqui com sua dança de amor, convidando-a para deleitar-se, aquecer-se e alegrar-se com o amor por si mesma. Você passa o dia sem pensar nem dizer o quanto se ama? Faz poucas coisas amorosas para si mesma? Ou é mesquinha, mantendo-se numa dieta amorosa de fome?

Você atende às suas necessidades de modo amoroso e respeitoso, ou se critica por empacar na rotina que estabeleceu, por queixar-se do emprego que odeia, por deplorar o relacionamento que você suporta? Agora está na hora de amar a si mesma. **Afrodite** diz que, para amar outra pessoa, você precisa ser capaz de amar a si mesma. Amar os outros significa deixá-los ser exatamente do jeito que são. Significa testemunhar o que você e seus entes queridos são com amor, graça e satisfação. O espaço que damos aos outros depende de quanto espaço damos a nós mesmos. A totalidade é alcançada quando conseguimos oferecer espaço e paciência infinitos para nós mesmos primeiro e então estendemos isso aos outros.

Sugestão de ritual: Garanta seu espaço

Isto pode ser feito em qualquer lugar e a qualquer hora, enquanto você sentir que é adequado. Inspire profundamente e exale. Respire fundo outra vez e, à medida que solta o ar, sinta, perceba ou visualize um espaço circular à sua volta. Pode ser um espaço grande ou pequeno, o que você precisar. Agora preencha esse espaço com amor de qualquer forma que agrade, delicie, encante ou faça você sentir-se bem. Assim que o círculo estiver preenchido, coloque-se no centro dele, no centro de todo esse amor e absorva-o em suas células, no tutano dos ossos. Absorva-o, sentindo ou não que o merece. Absorva-o, independentemente de como se sente em relação a si mesma. Veja-se, sinta-se ou observe-se preenchendo-se de amor por você. À medida que vai garantindo espaço para si mesma, olhe em seus olhos e diga: "Eu te amo." Repita a frase várias vezes, até sentir esse amor dançando no seu coração. Sinta esse amor circular pelo seu corpo. Agora inspire fundo, expire lentamente e abra os olhos. Seja bem-vinda!

Amaterasu Omi Kami
BELEZA

Deixe-me compartilhar com você o
segredo do espelho
deixe-me compartilhar o que só a Deusa do
Sol conhece
É um segredo tão importante
que libertará você da escuridão
um segredo tão delicioso
que deixará o calor dançar no seu coração
um segredo tão luminoso
que permitirá que você conheça a si mesma
um segredo tão simples
que tudo o que você precisa fazer é abrir os olhos
o segredo está
na luz do Sol
nos olhos do espelho
Você é a Beleza

Mitologia

Amaterasu Omi Kami é a Deusa xintoísta do Sol no Japão. Quando foi insultada por seu rude irmão, Susano-o, o Deus da Tempestade, ela se recolheu a uma caverna e recusou-se a sair. Aborrecida com o recolhimento do sol, **Uzume**, a Deusa-xamã, dançou uma dança engraçada e lasciva para divertir os Deuses e Deusas e provocar a curiosidade de **Amaterasu**. Quando esta abriu a porta para espiar, ficou deslumbrada com a própria beleza refletida num espelho que os Deuses e Deusas haviam colocado ali: e então saiu.

Significado da carta

Amaterasu está aqui para dizer-lhe que você tem de se aquecer no brilho da sua própria beleza. Você conhece sua beleza única, ou sente que não pode ser bela porque não se parece com uma modelo ou uma estrela de cinema? Você está ficando velha e sente que a velhice é feia? Talvez você esteja com medo de expressar a sua beleza, com medo de atrair energias indesejáveis. (Se for esse o caso, talvez você queira trabalhar com **Durga**: *Limites*, pp. 69-71.) **Amaterasu** diz que todas as mulheres têm a luz do Feminino, e que essa luz é bela. Ela aconselha você a abandonar os preconceitos sobre o que é a beleza e deixar a sua beleza aparecer. A totalidade é alimentada quando celebramos todos os nossos aspectos, e ser mulher significa ser bela.

Sugestão de ritual: Banho de beleza

Tudo de que você precisa para fazer este ritual é um espelho e a disposição de ver a sua beleza.

Reserve um horário e um lugar em que você não seja interrompida. Sente-se confortavelmente com a coluna reta. Você pode tirar a roupa ou fazer o ritual vestida, como for mais adequado para você. Quando estiver pronta, inspire profundamente e expire, livrando-se de tudo que a aborrece. Então respire profundamente mais quatro vezes concentrando-se no ritmo da respiração. Se se sentir desconfortável ou ficar com medo de fazer alguma coisa que tenha sido sugerida em qualquer momento durante este ritual, simplesmente respire fundo, vivencie os sentimentos, enquanto continua respirando profundamente, então aquiete-se e continue em seu próprio ritmo.

Quando se sentir relaxada e pronta, pegue o espelho. Olhe para seu rosto. Apenas olhe. Se surgirem julgamentos ou críticas, reconheça-os, depois livre-se deles. Concentre-se na sua singularidade, refletida em sua face. Olhe para seu rosto e sinta compaixão, ternura, aceitação e amor.

Agora olhe para seus olhos. Diga a si mesma: "Meus olhos são belos." Olhe para seu nariz e diga: "Meu nariz é bonito." Em seguida olhe para a testa, bochechas, lábios, dentes, orelhas, pele, estrutura óssea. Ao terminar de apreciar a beleza do seu rosto, passe a examinar o resto do corpo. Depois de fazer isso com o corpo inteiro, respire fundo e olhe para o espelho. Diga: "Eu (nome) sou bonita." Repita a frase várias vezes. Banhe-se no apreço por sua própria beleza até sentir um enlevo de apreciação e deleite. Continue pelo tempo que quiser, até sentir-se repleta de sua beleza.

Quanto estiver pronta, inspire profundamente e exale fazendo o som "ahhhh". Respire fundo outra vez e volte a atenção para este tempo e lugar. Seja bem-vinda!

Ártemis
INDIVIDUALIDADE

Sou quem eu sou
e sei quem sou
Posso cuidar de mim mesma
em qualquer circunstância
e posso deixar os outros cuidarem de mim
Posso optar
Não existe autoridade
mais elevada do que a minha
meu poder de discernimento é finamente aguçado
Tenho autonomia
Estou livre da influência
da opinião dos outros
Sou capaz de separar
o que precisa de separação
Assim uma decisão lúcida
pode ser alcançada
Penso por mim mesma
Ajusto a mira
e aponto o arco
Minhas setas atingem sempre o alvo

Mitologia

Ártemis, outra Deusa multidimensional reduzida pelos gregos ao domínio da Lua, virgem caçadora e parteira, de fato representa o Feminino em todos os seus aspectos. Ela era a caçadora que protegia os animais e a virgem (íntegra e completa em si mesma) que fazia amor na floresta. Quando **Ártemis** era menina, Zeus, seu pai, quis dar-lhe um presente e perguntou o que ela queria. **Ártemis** respondeu: —

Quero correr livre e selvagem para sempre com meus cães de caça pela floresta e nunca, nunca me casar.

Significado da carta

Ártemis atirou sua seta de individualidade na sua vida para ajudá-la a concentrar-se em si mesma. Você tem estado demasiadamente a serviço dos outros sem certificar-se de que conseguiu o que necessita para si mesma? Há muito não tem um tempo ou um espaço só seu? Os limites da sua individualidade parecem difusos e indistintos? Você sente que não tem direito a uma personalidade própria, mas deve sempre pensar nos outros, colocando as necessidades deles em primeiro lugar, até não saber mais quem é nem o que quer? Agora está na hora de ser você mesma. Está na hora de prestar atenção às vozes sussurrantes das suas próprias necessidades. Está na hora de resgatar a si mesma, e celebrar e fortalecer a pessoa que você é. **Ártemis** diz que a totalidade é alimentada quando você honra, respeita e dedica tempo a si mesma. Ela também pergunta como você pode esperar atingir quaisquer alvos se não tem um eu a partir do qual atirar?

Sugestão de ritual: Resgate a si mesma

Isto pode ser feito a qualquer momento e em qualquer lugar. Você pode optar por fazê-lo a sós ou na frente da pessoa ou pessoas às quais você entregou pedaços de si mesma.

Sente-se, fique em pé ou deite-se com a coluna reta. Feche os olhos. Inspire profundamente e expire. Respire fundo outra vez, inspirando para o útero, para o seu centro. Olhe para o seu corpo. Pergunte a si mesma se estão faltando pedaços. Abra-se a fim de ter uma sensação, visão ou sentimento de onde estão esses pedaços que faltam. Por exemplo: você deu ao seu amante sua porção de alegria, e agora não consegue sentir-se alegre sem ele? Você deu aos seus filhos um pedaço generoso de si mesma, e agora que eles cresceram, sente-se perdida? Chame esses pedaços de volta. Perceba, sinta ou visualize esses pedaços que faltam voltando para você. Deixe-os entrar no seu corpo outra vez, e, à medida que isso acontece, sinta-se ficar mais forte e mais viva. Quando tiver terminado de resgatar-se, talvez queira reforçar seus limites e dar nome às suas partes. (Ver **Durga:** *Limites*, pp. 69-71.) Agradeça às suas partes por retornarem, e abra os olhos. Seja bem-vinda!

Baba Yaga
MULHER SELVAGEM

Caminho pela floresta
e falo intimamente com os animais
Danço descalça na chuva
Danço nua
Viajo por caminhos
que eu mesma faço
e da maneira que me convém
Meus instintos e meu olfato são aguçados
Expresso livremente minha vitalidade
minha alegria pura e exuberante
para agradar a mim mesma
porque é natural
é o que tem de ser
Sou a selvagem e jubilosa energia vital
Venha e junte-se a mim

Mitologia

Baba Yaga, Deusa selvagem eslava do nascimento e da morte, viaja por aí montada num almofariz — uma escudela extremamente dura usada com um socador para moer grãos, nozes, etc. Seus modos são impetuosos e selvagens, profundos e penetrantes, e podem ser interpretados como trituradores do que era exterior. A casa de **Baba Yaga** apóia-se em pés de galinha e fica dançando. Seu tempo de morte era o outono, pois ela era a energia vital presente no grão colhido. Na Rússia, essa Deusa foi transformada numa feiticeira que vivia no âmago da floresta e comia crianças.

Significado da carta

Baba Yaga voa para a sua vida em seu almofariz para ajudá-la a alimentar a totalidade entrando em contato com a Mulher Selvagem. É hora de religar-se ao natural, ao primitivo, ao instintivo. Está na hora de soltar os cabelos, o corpo e sacudir sua vida. Você baniu a Mulher Selvagem para o calabouço? Você a acorrentou, amordaçou, engaiolou, para que as pessoas não descobrissem que você não é boazinha, pura e limpa? Solte-a! Você precisa dela. A Mulher Selvagem é parte da sua alegria, vitalidade e criatividade. Ela é você, e você precisa de cada parte de si mesma para dançar a totalidade. **Baba Yaga** diz que é muito importante você aprender a integrar a Mulher Selvagem na sua personalidade porque uma Mulher Selvagem não integrada cria comportamentos autodestrutivos. O aspecto selvagem existe e precisa ser expressado. É escolha sua expressá-lo de forma criativa ou destrutiva.

Sugestão de ritual: Resgate a Mulher Selvagem

Reserve um horário e um lugar em que você não seja interrompida. Sente-se ou deite-se confortavelmente, com a coluna reta, e feche os olhos. Inspire profundamente e expire emitindo um som. Inspire novamente e expire com um zunido. Visualize, sinta ou perceba uma árvore. Pode ser uma árvore que você já tenha visto ou uma que exista na sua imaginação. Inspire profundamente pela terceira vez e, à medida que solta o ar, fique diante da árvore. Ande ao redor dela. Do outro lado da árvore, você vê uma grande abertura no tronco. Entre por essa abertura. Dentro da árvore, sinta-se mergulhar. Para baixo, para baixo, viajando dentro da raiz da árvore. Parece seguro e confortável, e você se entrega à sensação de flutuar para baixo, para baixo, para baixo. Quando alcança o final da raiz, você se vê deslizando diretamente para o Inferno, onde cai sobre um travesseiro macio.

Está na hora de chamar a Mulher Selvagem. Você pode assobiar ou uivar, entoar um cântico ou cantar, dançar ou tocar uma música para chamá-la. Quando a sua Mulher Selvagem chegar, agradeça a ela por sua presença. Peça-lhe aquilo de que você precisa. Talvez você não saiba do que precisa, mas ela sabe e o dará a você. Em troca, ela lhe pedirá um presente. Dê-lhe o que ela quiser com o coração aberto. Agora pergunte se ela está disposta a voltar com você e fazer parte da sua vida. Ela diz que sim. Você a abraça e, ao fazê-lo, sente que você e a Mulher Selvagem estão se fundindo, tornando-se uma só. Você tem a sensação de ter ficado maior, mais forte, de ter-se expandido. Você sente uma onda de vitalidade e alegria.

Agora está na hora de voltar. Volte à raiz da árvore. Sinta-se flutuando para cima, cada vez mais para cima, revigorada, energizada, renovada, revitalizada. Para cima, para cima, para cima, até alcançar o interior do tronco da árvore. Ao sair pela abertura, respire fundo e, à medida que solta o ar, volte ao corpo. Quando estiver pronta, abra os olhos. Seja bem-vinda!

Bast
BRINCADEIRA

*Eu rodopio e giro
escondo e procuro
brincando e caminhando
divertindo-me e gracejando
Minhas oportunidades
de me divertir são infinitas
e o prazer
que isso me dá
me faz ronronar
Os desafios da vida nunca me detêm
pois eu sei como me tornar inteira
brincando*

Bast
BRINCADEIRA

Mitologia

No Egito, **Bast**, a Deusa com cabeça de gata, e **Sekhmet**, a Deusa com cabeça de leoa, representam dois aspectos importantes do Sol: o aspecto doador de vida, agradável, e o aspecto ardente, destruidor. **Bast** era adorada em Bubastis, onde eram feitas numerosas celebrações. Ela regia o prazer, a alegria, a música, a dança, a saúde e a cura, a Lua e, naturalmente, os gatos.

Significado da carta

Bast bate em você com a pata para convidá-la a brincar com ela. Está na hora de você se distrair com alguma coisa interessante, divertida e totalmente recreativa. Brincar tem sido uma prioridade menor em sua vida? Você sabe como brincar? O que isso representa para você? Talvez você tenha trabalhado tão arduamente que se esqueceu de fazer uma pausa para a diversão. **Bast** diz que brincar é um modo de alimentar a totalidade. Está na hora de descobrir maneiras de brincar. Brinque!

Sugestão de ritual: Hora de brincar com Bast

Reserve um horário e um lugar em que você não seja interrompida. Sente-se ou deite-se confortavelmente, com a coluna reta, e feche os olhos. Inspire profundamente e expire devagar. Respire fundo outra vez, inalando grandes porções de contentamento cor-de-rosa. À medida que solta o ar, deixe o contentamento espalhar-se por todo o seu corpo.

Inspire profundamente e, enquanto solta o ar, visualize ou sinta um grande buraco no chão. Respire fundo outra vez e, ao expirar, fique do lado de fora do buraco. Ele é grande o suficiente para você entrar, e quando o fizer, você se verá num túnel subterrâneo. O túnel é bem iluminado, quente e confortável. Desça cada vez mais fundo, para baixo, para baixo, cada vez mais para o fundo, sentindo-se mais e mais relaxada, até ver uma luz no fim do túnel. Esse é o Inferno. Você entra nele e chama **Bast**. Ela aparece em sua forma de gata ao seu lado e pergunta o que você quer. Você diz que está ali para brincar com ela. Ela solta um miado excitado e pede para que você suba em suas costas. Você sobe e sai voando com ela. Quando olha para baixo, você vê o oceano e a praia. **Bast** aterrissa suavemente numa bela praia de areia branca e convida você a construir castelos de areia com ela. Você aceita, e ela se transforma numa companheira de brincadeiras adequada para a sua idade. Ela diz que você pode brincar só com ela ou convidar outras pessoas. Faça o que achar melhor. Você pode convidar pessoas conhecidas, desconhecidas, imaginárias, ou brincar só com ela.

Na praia, há uma grande caixa com baldes e pás. Você e **Bast** decidem qual será a aparência do castelo e em seguida começam a construí-lo. Depois de algum tempo, ambas sentem calor e decidem ir nadar. Você corre para a água, que está muito agradável. **Bast** joga água em você e você faz o mesmo com ela. Em seguida **Bast** convida você a jogar o jogo da mudança de forma: uma caça a outra enquanto muda de forma. Primeiro vocês duas se transformam em golfinhos e brincam alegremente no mar. Em seguida, transformam-se em gaivotas e brincam no ar. Continue mudando de forma até estar pronta para parar, então volte a ser você mesma e saia do mar.

Agora chegou a hora de voltar. **Bast** se transforma numa gata outra vez, e você sobe em suas costas. Vocês duas sobem até chegar ao Inferno, perto do túnel. Você agradece **Bast** e entra no túnel.

Agora você está subindo, subindo, subindo, sentindo-se leve e refrescada. Para cima, para cima, para cima, relaxada e rejuvenescida, pronta para o que der e vier; para cima, subindo, até estar de volta ao buraco no chão. Você sai do buraco e respira fundo. Expirando devagar, você retorna ao corpo. Respire profundamente outra vez e abra os olhos. Seja bem-vinda!

Blodeuwedd
TRAIÇÃO

Nascida de flores
e feita para o prazer
fui dada a Llew Llaw como esposa
Fomos felizes
e passamos muitas horas
fazendo amor
até que ele se foi
certa manhã, para a corte do Grande Rei

Naquele dia outro homem apareceu
e ele era quem eu queria
Suas carícias eram mais doces
sua virilidade mais forte
ele prometeu não me abandonar...
Eu não poderia viver sem ele
Juntos planejamos a morte do meu marido
E a executamos no ano seguinte
Pensamos ter matado Llew
mas ele voltou um ano depois
matou meu amante
Corri, para fugir, na esperança de escapar
mas os cascos pesados de meus perseguidores
logo me alcançaram
O mago que me transformou de flores
em mulher
transformou-me de mulher em coruja
como castigo pela minha traição

Mitologia

Blodeuwedd, a Deusa galesa, foi dada em casamento ao Deus do Sol Llew Llaw Gyffes (Lugh) no solstício de verão de Lughnassah. Seu nome foi associado à traição porque ela enganou o marido fazendo-o encarar o complicado caminho para a corte: banhar-se embaixo de um telhado de sapê num caldeirão na margem de um rio, em pé, com uma perna tocando um cervo. Então ela o matou com a ajuda do amante. A história real fala de forças arquetípicas. **Blodeuwedd** representa a voraz Deusa da Terra, faminta do sangue do rei sagrado para fertilizar seu solo.

Significado da carta

O chamado ruidoso de **Blodeuwedd** se faz ouvir na sua vida, alertando você para uma traição. Como a traição aparece na sua vida? Você teve problemas para escolher amigos, namorados, colegas de trabalho, companheiros confiáveis? Toda a preocupação, a consideração e a lealdade que você demonstra são retribuídas com traição? Você enganou alguém para obter o que queria? **Blodeuwedd** diz que no caminho para a totalidade você deve responder à pergunta: "Como traí a mim mesma?", já que toda traição provém da traição a si mesma.

Sugestão de ritual: Jornada até Blodeuwedd

Reserve um horário e um lugar em que você não seja interrompida. Sente-se ou deite-se confortavelmente, com a coluna reta, e feche os olhos. Respire profundamente, inspirando segurança enquanto diz ou pensa estas palavras: "Estou em lugar seguro." Respire fundo outra vez, inspirando proteção com estas palavras: "Estou protegida." Faça uma terceira respiração profunda, inspirando aceitação com as palavras: "Sou aceita." Observe que sentimentos vêm à tona quando você inspira confiança, proteção e aceitação.

Agora visualize, sinta ou imagine um lugar ao ar livre onde você possa relaxar. Pode ser um lugar que você conhece e visite regularmente ou um lugar que existe apenas em sua imaginação. Inspire profundamente e, à medida que solta o ar, dirija-se para lá. Que perfumes, cores ou texturas você pode perceber? Inspire profundamente outra vez e, quando expirar, instale-se e relaxe.

Quando estiver pronta, chame **Blodeuwedd**. Ela aparece diante de você e pergunta o que você quer. Você pede ajuda para curar a raiz da sua traição a si mesma, e ela concorda em ajudá-la. **Blodeuwedd** cria uma tela de cinema alguns metros à sua frente. Com um estalar de dedos, ela começa a rodar um filme. O filme é a sua infância desde o momento do seu nascimento nesta vida. Ela pede que você mantenha a pergunta: "Em que momento de minha vida fui traída?" no seu coração. O filme chega ao momento que deu origem à sua traição e pára. Se alguns sentimentos vierem à tona, sinta-os apenas. Faça o que lhe parecer mais apropriado. Você foi abandonada? Alguém em quem confiava não estava lá quando você precisou? Não atenderam às suas necessidades infantis? Seja o que for, permita-se olhar para o que aconteceu. Deixe que a sua criança interior ferida expresse a emoção que acompanhou aquela traição.

Blodeuwedd pede que você vá até a tela, segure a mão da criança e a acompanhe saindo da tela. Você volta com ela para o lugar em que estava sentada ou deitada. Pergunte à criança o que ela quer e dê isso a ela. Agora diga que você, adulta, a ama e nunca a trairá. Diga que de fato entende que ela foi ferida e que você, adulta, estará presente sempre que ela precisar. Continue repetindo isso até sentir que ela realmente a ouviu. Agora leve-a de volta para o filme e deixe-a entrar outra vez. **Blodeuwedd** volta o filme até a cena que deu origem à sua traição e começa a rodá-lo. No momento em que está para ocorrer a traição, você aparece na cena como adulta e protege a criança.

Interiorize a cura que aconteceu. Inspire profundamente para as suas células, para a sua consciência. Você se sente energizada e tranqüila. Então agradece a **Blodeuwedd** e ela lhe pede um presente. Você o oferece com o coração aberto, e ela desaparece.

Agora concentre-se no fato de estar no seu lugar de relaxamento ao ar livre. Inspire profundamente e, ao soltar o ar, toque no lóbulo da orelha esquerda. Inspire novamente e, quando soltar o ar, aperte as pálpebras. Respire fundo uma última vez e abra os olhos. Seja bem-vinda!

Brígida
INSPIRAÇÃO

Deixe que eu me aproxime de você
através da bruma
através do fogo
através das plantas
através das fontes profundas e abundantes
com idéias
visões
palavras
música que penetra nos ouvidos
Deixe que eu a comova
anime
estimule
até que suas perspectivas mudem
e sua mente/corpo/espírito exploda
e você seja deixada em pé
no rastro do que foi revelado
e a vida pareça muito doce

Mitologia

Brígida, que significa "luminosa", é uma Deusa tríplice do fogo: o fogo da inspiração, da ferraria, da poesia, da cura e da adivinhação. Sua inspiração foi vital para os bardos (poetas) que a invocavam livremente. A lenda diz que **Brígida** nasceu com uma chama que saía do alto de sua cabeça, ligando-a com o universo. A nova (cristã) e a antiga (pagã) **Brígida** fundiram-se na figura da santa Brígida no ano de 450. Santa Brígida, filha de um druida, era uma ferreira e curadora. Dezenove monjas/sacerdotisas guardam sua pira sagrada em Kildare, na Irlanda. Diz-se que, no vigésimo dia de cada mês, ela aparece e vigia pessoalmente o fogo.

Significado da carta

Brígida vem para abrasar você com inspiração. Você está sentindo falta de direção? De motivação? De energia? Seu caminho está fora de foco, sua vida tornou-se confusa? Você anseia por algo, mas não consegue alcançar? Está na hora de alimentar a totalidade interiorizando a centelha e o crepitar da inspiração. **Brígida** diz que uma vida sem o fogo da inspiração na verdade é insípida. Ela aconselha ainda que, ao permitir que a inspiração alimente a sua vida, você se torne mais arguta, mais clara e mais energética.

Sugestão de ritual: Jornada até Brígida

Reserve um horário e um lugar em que você não seja incomodada. Sente-se ou deite-se numa posição confortável, com a coluna reta, e feche os olhos. Quando estiver pronta, inspire profundamente e expire com um bocejo, liberando tudo o que houver para liberar. Inspire outra vez profundamente e expire com um assobio. Inspire uma terceira vez e, enquanto solta o ar, visualize ou sinta uma caverna: pode ser uma caverna que você tenha visitado antes, ou uma caverna que só existe em sua imaginação. E então, inspire profundamente mais uma vez e, quando soltar o ar, fique diante da caverna. Passe os dedos pela parede. Sinta o seu cheiro. Entre.

A caverna é bem iluminada e quente por dentro, e você se vê descendo, descendo, cada vez mais fundo. A sensação de descer profundamente é muito agradável. Há uma luz no final da caverna. Você está no limiar, o ponto em que a caverna acaba e começa o Além. Agora entre no Além. Observe a luz deslumbrante do sol, o frescor do ar e a vivacidade das cores.

Brígida está à sua espera ao lado de um antigo poço de pedra. Você caminha na sua direção pisando na grama macia, esponjosa, verde-esmeralda. Ela diz que está feliz em vê-la e contente porque você chegou. Você lhe conta que está em busca de inspiração. **Brígida** lhe pede um presente, e você o oferece satisfeita. Então ela introduz você num círculo de fogo e acende uma chama no seu chakra da coroa (no alto da cabeça). Você sente uma vibração e um estímulo nesse ponto. Sente sua energia fluir e expandir-se. Seu poder de visualização fica nítido e mais forte. Você se sente inspirada!

Está na hora de dizer adeus. Você agradece à **Brígida**. Ela lhe diz que tudo que você tem a fazer para ativar a inspiração é visualizar a chama no alto da sua cabeça. Você entra na caverna. Agora você está subindo, subindo, subindo através do conforto quente da caverna, sentindo-se relaxada, energizada, revigorada. Você sobe até chegar à entrada da caverna. Saia, respire profundamente e enquanto solta o ar suavemente, sinta que está de volta ao corpo. Faça outra inspiração profunda e, quando expirar, se estiver pronta, abra os olhos. Seja bem-vinda!

Cerridwen
MORTE E RENASCIMENTO

Eu lhe dou a vida
Eu lhe dou a morte
é tudo uma coisa só
Você anda pelo caminho em espiral
o caminho eterno
que é a existência
sempre se transformando
sempre crescendo
sempre mudando
Nada morre que não nasça outra vez
nada existe sem ter morrido
Quando vier até mim

*eu lhe darei as boas-vindas
então a acolherei no meu útero
meu caldeirão de transformação
onde você é misturada e peneirada
fundida e fervida
derretida e triturada
reconstituída e depois reciclada
Você sempre volta para mim
você sempre vai embora renovada
Morte e renascimento
não são nada mais que pontos de transição
ao longo do Caminho Eterno*

Mitologia

Para os galeses, **Cerridwen** é uma Deusa tríplice — donzela, mãe e mulher idosa — cujo animal totêmico é uma grande porca branca. Ela se relaciona com a Lua, a inspiração, a poesia, a profecia, a mudança de forma e a vida e a morte. **Cerridwen** teve dois filhos. Um era belo e o outro, feio. Como queria que o rapaz feio tivesse algo de seu, ela fez para ele uma poção mágica. Demorou um ano e um dia para terminar de fazer a poção, que se destinava a torná-lo inspirado e brilhante. Ela ordenou que Gwion, seu assistente, tomasse conta da poção e o advertiu para não bebê-la. Acidentalmente, algumas gotas da poção espirraram na mão de Gwion, e ele levou a mão à boca. Instantaneamente, ele sabia tudo, até mesmo que **Cerridwen** tentaria matá-lo. Ele fugiu e ela foi atrás dele. Depois de muitas mudanças de forma, Gwion foi engolido por **Cerridwen**, que o deu à luz nove meses depois.

Significado da carta

A aparição de **Cerridwen** na sua vida anuncia um tempo de morte e renascimento. Algo está morrendo, e é preciso deixar que se vá para que algo novo possa nascer. Conhecemos essa dança de morte e renascimento da Terra como as estações do ano. A matéria não pode ser criada ou destruída, mas passa por transformações. O mesmo acontece conosco. Para viver na plenitude e com totalidade é preciso que aceitemos a vida como ela é, o que inclui a morte e o renascimento. Desapegue-se do que não serve mais para você e para sua totalidade.

Talvez você tenha chegado ao final de um ciclo, de um relacionamento, de um emprego, e esteja com medo de deixá-los ir embora. Ou sente que está morrendo, quando apenas uma parte de você tem de dar lugar ao novo. Talvez a idéia de que existe morte e apenas morte seja dolorosa demais para você aceitar. O fato de vivermos em determinada cultura privou a maioria de nós do caminho de morte e renascimento da Deusa. A totalidade é alimentada quando ficamos conscientes de que cada passo no caminho da vida também é um passo rumo à morte e ao renascimento. A totalidade é conquistada quando conseguimos dizer sim e dançar com a morte e o renascimento. **Cerridwen** diz que você sempre receberá de volta o que der a ela. Isso será mudado, transformado, mas você o terá de volta.

Sugestão de ritual: O caldeirão de Cerridwen

Reserve um horário e um lugar em que você não seja incomodada. Sente-se ou deite-se confortavelmente, com a coluna reta. Feche os olhos. Inspire profundamente e expire lentamente, contando até dez. Inspire outra vez e novamente expire contando até dez. Faça uma terceira inspiração profunda e, enquanto solta o ar, visualize ou sinta um túnel. Pode ser um túnel que você conheça ou um túnel que você imagine. Fique em pé do lado de fora do túnel e passe os dedos pela superfície da entrada. Sinta o cheiro. Entre no túnel. Lá dentro está quente e confortável, ele é bem iluminado e agradável. Você vai descendo, descendo cada vez mais fundo. Descendo, descendo, sente-se relaxada, confortável, até chegar ao final do túnel. Há luz no fim do túnel, a luz do Além.

Você passa para o Além e é recebida por **Cerridwen**. Ela pega você pela mão e a leva até seu caldeirão. Ele é gigantesco e preto. **Cerridwen** mexe o conteúdo do caldeirão e pede que você ponha ali tudo o que precisa ser transformado e abandonado, tudo que precisa morrer. Você põe tudo no caldeirão e mexe. **Cerridwen** agita o caldeirão.

Cerridwen pára de agitar o caldeirão, deixa de lado seu bastão e coloca as mãos dentro dele. Ela tira o que você jogou lá dentro, que coloca na sua frente. O que você jogou foi transformado no que é preciso. Você agradece a **Cerridwen** e ela lhe pede um presente, que você dá de boa vontade. Pronta para voltar, você entra no túnel levando consigo o que foi transformado dentro do caldeirão de **Cerridwen**.

Agora você está subindo, subindo, subindo, sentindo-se revigorada, energizada. Continue a subir até chegar à entrada do túnel. Você sai do túnel e respira profundamente. Ao expirar lentamente, você volta ao corpo. Respire fundo mais uma vez e, quando estiver pronta, abra os olhos. Seja bem-vinda!

Coatlicue
DOR

> Com a cabeça pesada devido à perda
> Com os olhos cegos devido às lágrimas
> caminho
> incapaz de descansar
> incapaz de encontrar calma
> Estou seca
> meus ossos
> são pó ao sol do deserto
> meu coração
> arrancado do peito
> jaz partido no solo
> Cada passo que dou na vida
> torna a pisoteá-lo
> Cada respiração
> abre minhas feridas
> Como posso suportar o insuportável
> Como posso sobreviver ao insuperável
> Minha tristeza não terá fim?
> Nunca preencherei o vazio da perda?
> Meu anseio nunca cessará?

Mitologia

Coatlicue, ou Saia da Serpente, é a mãe de todas as divindades astecas. Ela recebeu esse nome porque usa uma saia de cascavéis que balançam. É adorada como a mãe da Terra, da vida e da morte. Certo dia ela encontrou plumas com penugem branca e, colocando-as sobre o peito, ficou grávida. Quando os outros deuses, seus filhos, descobriram a gravidez, juraram matá-la para impedir que o recém-nascido os suplantasse. Apenas sua amada filha, Coyolxauhqul, a Deusa da Lua, avisou-a do perigo. Coyolxauhqul foi decapitada pelo Deus do Sol , e **Coatlicue**, de luto, colocou a cabeça luminosa da filha no céu.

Significado da carta

Coatlicue está aqui para ajudá-la a confrontar-se com sua dor. Ela está aqui para lhe contar que não existe modo de fugir à dor, nem lugar onde esconder-se dela. O caminho para a totalidade está em passar pela dor. Você tem sentido medo de enfrentar o sofrimento de aceitar a dor e passar pelo processo de luto que ela trará? Você tem se escondido da dor, fingindo que está tudo bem? Talvez o seu medo da dor seja tão grande que você permanecerá nela durante toda a sua vida. Você conseguiu superar parte da sua dor, mas não toda, então, esporadicamente, ela pega você despercebida? Talvez você esteja se apegando a uma situação que precisa ser deixada para trás, com medo da dor que isso causaria. É imprescindível para o processo de cura que você sinta a dor. Está na hora de pedir ajuda aos amigos e à família. A vida é perda, e perda faz parte da vida. As estações mudam, e tudo está em estado de transição. E mesmo a dor, se encarada plenamente, finalmente diminuirá de intensidade. Com o tempo você se sentirá mais forte e animada. Um dia suas feridas cicatrizarão. Lembre-se de que o processo demora o tempo necessário e de que o tempo de tristeza é diferente. **Coatlicue** diz para você sentir a dor para que a cura possa vir.

Sugestão de ritual: Toque a dor no tambor

Você precisará de um tambor e de baquetas.* Não use as mãos para tocá-lo, pois poderá feri-las, ou então, para protegê-las, você deixa de sentir plenamente a emoção.

Reserve um horário e um lugar em que você não seja interrompida. Sente-se confortavelmente, com a coluna reta. Respire fundo e solte. Libere-se de tudo. Inspire profundamente para o útero, o centro do corpo, e expire. Quando se sentir concentrada e relaxada, conceda-se espaço e permissão para abrir-se à sua dor. Encontre o lugar do corpo onde você está retendo a dor. É no coração? Nos pulmões? No plexo solar? Se souber visualizar, abra-se e deixe que as imagens venham. Se for cinestésica, deixe que o corpo sinta a dor.

Pode tratar-se de uma dor recente ou antiga. Pode ser uma dor que você nunca admitiu ou à qual deu pouca atenção. Talvez você descubra que, assim que se abrir à dor, muitas dores a incomodarão. Ou você pode achar difícil compreender. Deixe que tudo venha à tona, sem censura, sem julgamentos. Apenas aceite.

Assim que começar a sentir a dor, você estará pronta para tocar o tambor. Não importa como você toca. O importante é fazer sons. Deixe que o ritmo da sua dor se expresse. Deixe-se entoar a dor. Movimente-se ou dance ou enlouqueça de dor. Faça o que for preciso. Quanto mais você conseguir se envolver, mais profunda e satisfatória será a experiência. Não hesite em uivar e gemer e lamentar e chorar. Talvez os sons e o ritmo evoluam para uma canção específica que você pode cantar sempre que precisar manifestar a dor. Talvez seja diferente a cada vez. Faça o que for mais apropriado para você.

---

* Idealmente, um tambor nativo norte-americano tem uma alça para segurar numa mão e a baqueta na outra. O tambor tem de ser forte. Eu sugiro um tambor de pele de veado ou algum tipo de pele forte, menos pele de cabra.

Continue tocando a dor no tambor até que ela se transforme em outra coisa. Vá cada vez mais fundo. Cavalgue a dor até que ela se transforme. Se esta não for a hora de expressar toda a sua dor, apenas molhe os pés nas águas da dor agora, e depois molhe mais. Faça o que for mais apropriado para você.

Quando tiver tocado toda a sua dor no tambor, e ela tiver se transformado, ou quando sentir que fez o que era mais adequado no momento, deixe o tambor de lado. Respire fundo e solte o ar devagar, inalando a energia que você despertou. Agradeça e louve a sua coragem. Quando estiver pronta, abra os olhos. Seja bem-vinda!

Deméter
SENTIMENTOS / EMOÇÕES

Eu sinto tudo
a raiva o rancor
a alegria a felicidade
o dilaceramento a angústia
e busquei
o caminho do meio
o caminho seguro
entre o que senti
e o que fiz com isso
Então me desfaço das peles
as camadas que construo
quando os sentimentos não são expressados
não são ouvidos
não são reconhecidos
Dando aos meus sentimentos
seu devido lugar
mantenho-me longe

*da intensidade
da imensidão
da pura densidade
e do custo
da emoção*

Mitologia

Deméter, cujo nome significa "porta de entrada para o Feminino misterioso", foi adorada como a Grande Deusa muito tempo antes de os gregos patriarcais conquistarem os povos que adoravam a Deusa que agora é a Grécia e impusessem seu panteão olímpico dominado por Deuses masculinos. Como Grande Deusa, **Deméter** é conhecida por criar a agricultura, por instituir a ordem social e por seus ritos de mistério em Elêusis. Num belo dia de primavera, a filha de **Deméter**, Perséfone, foi capturada por Hades, Deus do Inferno. Em meio à dor e ao trauma emocional, **Deméter** retirou sua energia vital da Terra, e veio o inverno. Zeus persuadiu Hades a devolver Perséfone a **Deméter**. Para induzir Perséfone a ficar, pois ninguém pode voltar do Inferno depois de comer o alimento dos mortos, Hades deu a ela uma romã, e ela comeu seis sementes. Assim, foi-lhe permitido voltar para **Deméter** durante seis meses do ano. Os outros seis ela passava com Hades no Inferno.

Significado da carta

Deméter veio para iluminar seu caminho pelas trevas e pelo desafiador labirinto dos sentimentos e das emoções. Está na hora de alimentar a totalidade aceitando, reconhecendo e expressando os seus sentimentos. Sentimentos são o que você sente. Emoções são as suas reações aos sentimentos. Sentimentos não-expressados crescem e podem provocar doença, pois ocupam espaço interior e bloqueiam o fluxo de energia sã.

Talvez seus sentimentos (e você) não tenham sido ouvidos quando você era criança, por isso você precisou dar mais energia a eles para receber qualquer tipo de resposta. Talvez o seu medo das emoções ou dos sentimentos a tenha deixado muito vulnerável; talvez a tenha soterrado ou levado a lugares de onde você não é capaz de voltar. **Deméter** diz que, quanto mais você aprender a aceitar e a reconhecer seus sentimentos, menos tempo você gastará em redemoinhos emocionais e mais energia terá para viver a vida. Quanto mais você aprender a aceitar e respeitar os seus sentimentos, mais seguro se tornará expressá-los.

Sugestão de ritual: Dizer o que sente

Reserve um horário e um lugar que sejam apropriados para você. Você pode fazer este ritual sozinha, reservadamente, na seqüência de incidentes que deram origem a sentimentos e emoções, ou no momento em que eles acontecem.

Respire profundamente e entre em contato consigo mesma. Respire para todas as células do corpo. Inspire e expire através da pele. Não tenha pressa, sinta-se presente e concentrada no corpo. Em seguida, abra-se e pergunte: "O que estou sentindo?" Ouça a resposta. Se não houver nenhuma resposta, então pergunte: "Estou zangada, feliz, triste, alegre, nervosa, aborrecida, amedrontada, etc.?" Peça que seu corpo fale. Se você está com o pescoço duro, pode perguntar o que ele está sentindo. Afirme o que sente: "Estou zangada", "Estou aborrecida", "Sinto-me ferida", e assim por diante. Talvez você queira repetir isso várias vezes para si mesma. Essa é a essência de "dizer o que é": entrar em contato com o sentimento e afirmá-lo claramente.

Às vezes nossos sentimentos não são tão fáceis de discernir. Pode ser que você queira reviver um acontecimento e desemaranhar o sentimento associado a ele. Algumas vezes temos a sensação de que nem tudo está bem, uma espécie de instabilidade. Desemaranhar essa sensação e chegar ao âmago do sentimento ajuda a dissipar a carga emocional. Por exemplo, dizer "Estou zangada" ou " Tenho medo" impede que o sentimento se transforme numa emoção.

Durga
LIMITES

Quando ameaçada por demônios
corajosamente me protejo
com tudo o que sou
com tudo o que tenho
do âmago profundo
Invoco tudo aquilo de que preciso
Sou a "Inacessível"
pois me coloco além do alcance
de tudo o que me destruiria
de tudo o que me aniquilaria
de tudo o que tenta me ferir
Sou a "Inatingível"
pois nada pode me alcançar sem que eu queira
Eu danço a minha dança da unidade
é só o que me sustenta
só o que me alimenta
me ama
A tudo que não o faz
eu digo: aproxime-se. O risco é seu!

Mitologia

Na Índia, a Deusa é chamada Devi. Para os hindus, todas as Deusas são uma deusa, diferentes aspectos de Devi ou do Feminino Divino. Um aspecto de Devi nasceu para livrar o mundo do demônio do mal, **Durga**. Na batalha entre os Deuses e os antideuses ou demônios, nenhum dos Deuses pôde destruir **Durga**, então eles foram até Devi e lhe pediram ajuda. Montada num tigre e brandindo suas temidas armas, ela atacou o demônio, que se transformou de uma forma terrível em outra até Devi matá-lo, quando se transformou num búfalo. Como recordação da grande batalha, Devi assumiu o nome de **Durga**.

Significado da carta

Você chamou **Durga** à sua vida para ajudá-la a criar limites.* O que você anda interiorizando que deveria ficar de fora? De que modo você não está se protegendo, protegendo a sua vida, o seu tempo? A afirmação "Não, não posso fazer isso agora, preciso tomar conta de mim" faz parte do seu vocabulário? Talvez você se sinta abafada pelos outros. Você está sendo desviada do seu centro pelos pedidos de dar, dar, dar, até que não reste nada para si mesma? **Durga** está aqui para ajudá-la a alimentar a totalidade criando e fixando os limites do seu espaço pessoal. Estabelecer limites nítidos é um ato de amor por si mesma. Não ter limites transmite aos outros a mensagem de que você é ilimitada e quer ser tratada de forma ilimitada. Ninguém é ilimitado, há pontos em que somos feridos, pontos em que podemos ser vulneráveis, aspectos que precisam ser tratados com carinho. **Durga** diz

---

* Defino limite como um escudo de pele à sua volta que permite a você escolher o que interiorizar. Toda a sua vida acontece do lado de fora do seu limite; você a testemunha e decide o que aceitar para alimentar a si mesma.

que os limites são vitais porque eles fazem os outros saber quem você é e onde você está.

Sugestão de ritual: O círculo sagrado do Eu

Reserve um horário e um lugar em que você não seja interrompida. Sente-se ou deite-se confortavelmente, com a coluna reta. Feche os olhos. Crie um círculo ao seu redor, de qualquer material, que a faça sentir-se segura e protegida. Faça com que o círculo seja tão amplo ou reduzido quanto você necessitar. Pode haver quilômetros ou centímetros dentro do círculo até o limite da margem exterior. Use todo o espaço de que precisar.

Agora preencha o círculo com o que sempre alimenta você. Pode ser com cores, flores, plantas, animais — se você quiser, desde que ensine, apóie e ame você. Aconselho veementemente a não preenchê-lo com pessoas. Esse é o seu espaço privado. Você não precisa dividir o seu espaço.

A quantidade de espaço de que você precisa pode variar em situações diferentes. Às vezes você necessitará de muito espaço e, em outras ocasiões, de muito pouco. A escolha é sempre sua. Os materiais que você usa para criar o círculo sagrado do Eu podem mudar com o passar do tempo. O círculo sagrado do Eu é flexível e adaptável às suas necessidades.

Sente-se dentro do círculo sagrado do Eu até sentir que seus limites estão no lugar certo para protegê-la e ensiná-la. Quando estiver pronta, abra os olhos e volte ao presente. Para reativar o círculo sagrado do Eu, basta que você faça uma pausa, feche os olhos, respire fundo e o visualize ou sinta ao seu redor.

Eostre
CRESCIMENTO

Sou o movimento rumo ao dever
expandindo
realçando
o impulso arraigado em todos os seres
para desenvolver
evoluir
avançar
para cumprir
tudo o que for possível

Mitologia

A deusa germânica da fertilidade, da agricultura e da primavera, **Eostre**, ou **Eastre**, era celebrada com o ateamento ritual dos fogos da aurora como proteção para as plantações. Ela simboliza a primavera, o novo crescimento e o renascimento. Certa vez, quando a Deusa estava demorando a chegar, uma menininha encontrou um passarinho prestes a morrer de frio e pediu ajuda a **Eostre**. Uma ponte de arco-íris surgiu, e **Eostre** veio com seu vestido vermelho de quente e vibrante luz do sol, que derreteu a neve. A primavera chegou. Como o passarinho estivesse mortalmente ferido, **Eostre** transformou-o numa lebre do gelo que botava ovos de arco-íris. Como um sinal da primavera, **Eostre** ensinou a garotinha a observar quando a lebre do gelo surgisse nas florestas.

Significado da carta

Eostre entra na sua vida com uma mensagem primaveril de crescimento pessoal. É tempo de abrir-se às coisas da sua vida que facilitam o crescimento, o desenvolvimento, a evolução. Há uma aula ou um curso que você vem pensando em freqüentar? Faça-o agora! Há algo novo que gostaria de incluir na sua vida? Inclua-o agora! Você acaba de passar por um período de estagnação e letargia em que nada parece estar acontecendo? Deixe-o ir embora. Agora é hora de crescer. **Eostre** diz que a totalidade é alimentada quando você aceita experiências, corre riscos e enfrenta situações que a fazem expandir-se. A expansão promove o crescimento.

Sugestão de ritual: Crescimento

Reserve um horário e um lugar em que você não seja interrompida. Sente-se confortavelmente, com a coluna reta. Feche os olhos. Inspire contando até seis, prenda a respiração contando até seis e expire da mesma forma. Faça isso três vezes. Deixe que uma sensação de relaxamento e de bem-estar se espalhe por todo o seu corpo. Agora, escolha uma planta. Pode ser uma planta que você conheça bem ou uma que você imagine, uma planta cultivada ou uma planta silvestre. Você é a semente dessa planta, e acaba de ser colocada no solo por mãos humanas, por pés de animais, ou pelo sopro do vento. Você esteve adormecida, presa num estado de vida latente até surgirem as condições adequadas para o início do seu ciclo de crescimento. Agora é hora de despertar e crescer. Você sente um formigamento e vibra à medida que começa a se expandir. Seu movimento e sua expansão fazem com que você brote suavemente da sua casca. Agora você pode começar a absorver aquilo de que precisa para crescer.

Você suga a umidade do solo e tudo o que a alimenta. Você só absorve aquilo que de fato precisa e você sabe do que precisa. Em primeiro lugar, você desenvolve as raízes. Elas se aprofundam na terra, tanto para firmá-la quanto para buscar aquilo de que você precisa para continuar a crescer. Agora você começa a expandir-se para cima, respondendo à luz e ao calor do sol, e surgem as primeiras folhas verdes. Mais calor e luz solar empurram você para cima e para fora. Mais água e nutrientes da terra, e você cresce e cria mais folhas e raízes mais profundas. À medida que as condições à sua volta continuam a alimentá-la, você e seu ambiente continuam com a dança serpeante de absorver e expandir, de inspirar e expirar, ao mesmo tempo que você continua a desenvolver-se e tornar-se exatamente quem é.

Fique com esse sentimento, sensação ou imagem de inspirar — absorvendo aquilo de que precisa — e expirar — expandindo e crescendo — por tanto tempo quanto for apropriado para você. Então faça uma inspiração profunda e expire devagar, voltando ao seu corpo humano. Quando estiver pronta, abra os olhos. Seja bem-vinda!

Erínias
CRISE

Nós a agarramos
arrebatamos você
achatamos você
Somos aquele lugar selvagem e caótico
aquela aresta pontiaguda
o ponto que ativa os seus medos
o ponto de onde não há retorno
o ponto onde tudo pode acontecer
Sempre pedimos a sua morte
ou capitulação total
Você não pode passar além de nós
passar ao largo

ou sobre nós
Você tem de nos enfrentar e atravessar
Somos o rolo compressor cósmico
o lugar da maior oportunidade
Nós somos a crise

Mitologia

As **Erínias** eram as forças de retribuição personificadas como três Deusas donzelas negras imortais. Na Grécia matriarcal pré-helênica, elas se vingavam e puniam quem matasse seus parentes. Na peça *Oréstia*, do poeta Ésquilo, Orestes — o filho de Clitemnestra e de Agamenon — mata a mãe, enfurecendo assim as **Erínias**, que saíram em sua perseguição. Quando seu julgamento resultou num impasse, Atena, a Deusa da Sabedoria, foi chamada para dar o voto decisivo. Seu voto deixou Orestes livre de qualquer castigo pelo matricídio. As **Erínias**, não satisfeitas, exigiram vingança. Atena consolou-as com promessas de rituais especiais em sua honra. Elas então receberam outro nome, as Eumênidas, ou "as benevolentes".

Significado da carta

As **Erínias** estão gritando com você porque você ou um ente querido seu está em crise. Agora, o modo de alimentar a totalidade para você consiste em estender a mão e pedir ajuda. Quer venha de um ser humano, de um animal ou dos reinos espirituais, a ajuda é requerida nessa situação de excesso de tensão que abala seu psiquismo e provoca instabilidade. Identifique e dê nome ao tipo de crise que você está atravessando. Se a sua crise é psicológica, telefone para um terapeuta e marque uma consulta. Se a crise está relacionada com dinheiro ou emprego, busque ajuda financeira ou procure um consultor profissional. Se envolve sua saúde, visite um médico ou agente de cura. É de vital importância que você procure a ajuda e o apoio de que precisa, pois não está em condições de ajudar a si mesma. Faça alguma coisa. Ou peça a um amigo ou ente querido que o faça para você. As crises em sua vida também provocam crises na vida dos seus entes queridos. Não se culpe nem tente cuidar deles. Seja egoísta. Lide com a sua crise e deixe de lidar com as deles. As **Erínias** dizem que todas as crises são partes de crescimento e transformação aceleradas que trazem oportunidades. Entretanto, antes de alcançar a oportunidade, você tem de passar pela crise; para isso você tem de estender as mãos e pedir ajuda.

Sugestão de ritual: O casulo

A hora de fazer isso é agora, onde quer que você esteja. Não há tempo para esperar pelas condições perfeitas. Use esta sugestão de ritual para dar a si mesma um espaço para respirar enquanto dança com a crise. Não há limites para o número de vezes que você pode tecer o seu casulo.

Sente-se ou fique em pé em qualquer lugar. Feche os olhos. Inspire profundamente e expire devagar. Sinta, perceba ou veja um casulo sendo construído em volta de você, com os mais nutritivos e reconfortantes materiais. Você gosta de seda ou de flanela? Lã de carneiro ou um lençol com suas flores prediletas acalmam você? Pode até mesmo ser um casulo feito de luz cor-de-rosa ou de seus sons calmantes prediletos. Quando estiver totalmente envolvida pelo casulo, preencha-o com o amor daqueles que se importam com você. Você também pode incluir animais, plantas, pedras, a Deusa, árvores, o céu, o universo.

Quando terminar de preenchê-lo, inspire o amor e o conforto do casulo para cada célula do seu corpo. Sinta-se entregando à Deusa o desafio que a está sufocando. Sinta essa sensação reconfortante à medida que ela toma o desafio de você. Fique respirando no conforto do seu casulo até sentir-se repleta. Quando estiver pronta, respire fundo e expire suavemente, abra os olhos e saia do casulo. Talvez você prefira ficar enquanto pensa em suas tarefas no mundo. Lembre-se: se sair, sempre poderá voltar respirando fundo, e sentindo, percebendo ou visualizando um casulo em volta de você.

Esfinge
DESAFIO

Se eu fizer a pergunta que provoca
você se esforçará por encontrar a resposta
Você aceitará o desafio corajosamente
e desafiadoramente responderá ao chamado
Você enfrentará o meu desafio
com o sangue fervendo
com o cabelo voando elétrico ao vento
com todo o seu ser
Sabendo que todo desafio
é uma oportunidade
todo desafio
traz uma dádiva
todo desafio
está ali para servi-la
ou não
A escolha é sua

Mitologia

A **Esfinge** aparece na mitologia grega como um monstro — cabeça e busto de mulher, corpo de cão, patas de leão, asas de águia e cauda de serpente — que interrogou Édipo. Para os antigos egípcios, ela simboliza o Nilo e suas estações. Ela também era a manifestação de **Hator**, Deusa do nascimento e da morte. A **Esfinge** do Egito foi construída como guardiã dos horizontes, do Sol nascente e do Sol poente. Ela detém as chaves para os portais da sabedoria. No caminho do conhecimento profundo, os iniciados têm de enfrentar os desafios propostos pela **Esfinge**.

Significado da carta

A **Esfinge** não a deixará passar enquanto você não responder ao seu desafio. Ela pergunta: "Como você pode enfrentar um desafio e prosperar em todos os aspectos do seu ser?" Você pode ser derrubada pelo desafio, ou ser chutada, esmurrada, derrotada por ele; mas como você pode aceitar o desafio e usar a energia contida nele para desenvolver-se? Você tem fugido dos desafios durante toda a sua vida e agora acha que tem energia e poder para enfrentá-los? Talvez seja mais fácil ignorá-los e continuar com o seu comportamento limitado. Ou talvez você ache que a vida está inteiramente confusa. Seja qual for o modo como você lidou com o desafio no passado, ele tem de mudar. O maior desafio de viver é o modo como você responde aos desafios. A **Esfinge** diz que a única via para a totalidade em seu caminho, é enfrentar os desafios.

Sugestão de ritual: Enfrente o desafio

Reserve um horário e um lugar em que você não seja interrompida. Sente-se ou deite-se confortavelmente, com a coluna reta, e feche os olhos. Respire fundo e solte o ar devagar. Inspire profundamente outra vez e solte o ar com um suspiro. Inspire mais uma vez e ao soltar o ar libere todo o *stress* e a tensão pronunciando um "hum". Respire fundo e visualize, sinta ou perceba a subida íngreme de uma montanha à sua frente. Pode ser uma montanha que você já viu ou uma imaginária. Existe um caminho, e você começa a subir por ele. No início, a subida é suave, depois surge uma superfície plana. Em seguida há outro trecho íngreme, desta vez mais escarpado, tanto que você tem de escalar com as mãos e os pés, cuidadosamente, até chegar a uma pequena cabana. Você está sem fôlego e sedenta, e resolve bater à porta.

Uma Mulher Sábia, velha e muito bonita, abre a porta. "Eu estava esperando por você", ela diz. Você pede um copo de água, e a Mulher Sábia a leva até a parte de trás da cabana, entrega-lhe uma caneca e aponta para uma fonte sagrada, dizendo para você se refrescar em suas águas. Você enche a caneca na fonte sagrada e bebe. A água sacia a sua sede e a faz sentir-se tranquila e revigorada.

Agora a Mulher Sábia pega você pela mão e a leva para dentro da cabana, que está cheia de coisas maravilhosas e mágicas, coisas belas e delicadas. "Tenho algo de que você precisa", ela explica, e coloca um grande pacote em suas mãos. O pacote é pesado. "Abra o pacote quando chegar ao Plano da Visão. Agora está na hora de você ir embora." Ela a acompanha até a porta e lhe dá um abraço. Você agradece e parte.

O caminho leva você até um enorme platô. É o Plano da Visão, onde o vento sopra frio, claro e limpo. Aí você pode ver tudo o que precisa ver. Respire fundo e inale a clareza do Plano da Visão.

Você coloca o pacote no chão e se agacha para abri-lo. Dentro há uma estamenha e uma espada. Você veste a estamenha, que se ajusta perfeitamente ao seu corpo. Você empunha a espada, cortando o ar. A sensação de tê-la nas mãos é boa, ela tem o peso e o equilíbrio corretos.

Algo cai aos seus pés. Você se abaixa para pegar. É uma luva de esgrima. Uma voz pergunta: "Está preparada para me enfrentar?" Você pega a luva e fica diante do seu desafio, que usa uma máscara. Você joga a luva longe, e seu desafio então a veste. As espadas de vocês se cruzam, e a luta começa. Seu desafio tenta derrubá-la, mas você respira fundo e consegue ficar em pé. O desafio tenta distrair a sua atenção, mas você respira fundo e continua concentrada. O desafio é forte e persistente, tenta deixá-la esgotada, mas você permanece centrada e forte, respirando profundamente, puxando energia ilimitada da terra para o seu corpo.

Finalmente, o desafio diz que encerrará a luta se você o abraçar. Você embainha a espada e estende os braços, e o desafio vai ao seu encontro. Quando vocês se abraçam, a estamenha se desfaz e a espada desaparece. É um abraço de amor e aceitação. O desafio transforma-se em luz, que é absorvida por seu corpo e passa a ser parte de você. Você se sente fortalecida e revitalizada.

Agora você deixa o Plano da Visão descendo pelo caminho. A cabana da Mulher Sábia desapareceu. Você segue pelo caminho, sentindo-se revigorada e inteira, energizada e emancipada, centrada e firme. Quando chega ao pé da montanha, você respira fundo e solta lentamente o ar, voltando inteiramente ao corpo. Inspire profundamente mais uma vez e solte o ar lentamente. Quando estiver pronta, abra os olhos. Seja bem-vinda!

Eurínome
ÊXTASE

Quando despertei e surgi do
caos rodopiante e fervilhante
não vendo outra maneira de expressar
o puro deleite
a selvagem alegria
a explosão de energia
que senti
comecei a dançar minha exuberância
essa sensação de flutuar num mar
de alegria arrebatadora
perdida e transportada
na intensidade
do êxtase

Eurínome
ÊXTASE

Mitologia

Eurínome, ou "ampla viagem", é a Grande Dança dos povos pré-helênicos da Grécia. Ela é a Grande Deusa de todas as coisas. Ela separa o céu do mar e, enquanto dançava nas ondas, criou o vento norte. O vento norte cresceu lascivo, então ela o aprisionou em suas mãos e formou uma serpente que chamou de Ófion. **Eurínome** fez amor com Ófion e então assumiu a forma de uma pomba para botar o ovo universal do qual proveio toda a criação. Ófion, não contente com o fato de ser uma criação de **Eurínome**, e co-criar com ela, alardeou que ele era o supremo criador. **Eurínome** arrancou seus dentes e o baniu.

Significado da carta

Eurínome dança na sua vida para dizer que é hora de êxtase. Ele está aqui para você em toda a sua plenitude, exuberância e entusiasmo. Como você pode proporcionar a si mesma um êxtase profundamente fortalecedor e alegre? Um caminho é curar as suas feridas. Elas ocupam lugar emocional em seu íntimo. Uma vez curadas, o espaço que elas ocupavam fica disponível para o êxtase. Outro caminho é abrir-se a ele, invocá-lo, senti-lo e deleitar-se nele. Para aqueles que tiveram pouca alegria na vida, a decisão consciente de cortejar, seduzir e provocar o êxtase certamente é bem-vinda. **Eurínome** diz que, quando você tomar a decisão de dançar com o êxtase, a vida a desafiará com novas oportunidades para facilitar essa dança.

Sugestão de ritual: Dance com Eurínome

Reserve um horário e um lugar em que você não seja interrompida. Sente-se ou deite-se confortavelmente, com a coluna reta. Feche os olhos. Respire fundo e expire suavemente. Escolha uma parte do seu corpo e respire profundamente para ela. Concentre toda a sua atenção nessa parte; em seguida, prenda a respiração e sinta uma pequena pulsação nessa parte do corpo, contando até cinco. Lentamente, expire e sinta, perceba ou visualize seu corpo transformando-se em pó, enquanto a parte escolhida continua intacta. Então inspire profundamente e, à medida que solta o ar, deixe essa parte do corpo ruir transformando-se em pó.

Visualize, sinta ou perceba a abertura de uma caverna. Pode ser uma caverna que você conheça ou uma caverna imaginária. Respire fundo e, à medida que expira, veja-se em pé diante dessa caverna. Sinta o exterior dessa caverna. Cheire a entrada. Então, entre na caverna. Ela é do tamanho exato e tem a temperatura de que você precisa para sentir-se bem. Vá para o fundo da caverna, que se estreita num túnel descendente, e comece a descer, descer, cada vez mais fundo, mais fundo, mais fundo. Para baixo, cada vez mais para baixo, sentindo-se relaxada, mais à vontade, até ver uma luz no fim do túnel. É uma luz pálida, cinzenta, e você sai através dela. Agora você está no grande caos primordial. Nada é diferenciado, tudo gira e rodopia. Você chama **Eurínome**, e ela aparece perto de você. Ela a convida para dançar o êxtase com ela.

Respire profundamente para o seu coração ao mesmo tempo que se abre para experimentar o que for necessário. Respire fundo outra vez, enchendo os pulmões com força e energia. **Eurínome** começou sua dança, e a visão, o sentimento e a sensação disso enchem você de uma alegria imensa, tanto que você se sente fortalecida e inspirada para começar a dançar. (Neste ponto, talvez você queira tocar uma música e começar a dançar, ou talvez queira continuar com o ritual como se fosse uma viagem.)

Enquanto dança, você sente prazer. A delícia de mover-se, de estar total e completamente no seu corpo lhe dá prazer. O prazer aumenta quanto mais você se movimenta, quanto mais você se expressa por meio da dança, até você sentir uma energia vibrante zunir em seu coração. À medida que o zunido se espalha por todo o seu corpo, seu coração se escancara para o êxtase, e você sente suas células explodirem. O sentimento da dança é vibrante, arrebatador e extático.

Os limites do seu corpo se dissolvem, seu ser verdadeiro se expande até você ter a sensação de união com tudo o que existe, com tudo que já existiu e com tudo que ainda vai existir. Você dança, e o caos rodopiante, fervilhante se divide em céu e água. Você dança nas ondas em total bem-aventurança e alegria.

Continue dançando, sentindo-se repleta de alegria, encanto, êxtase. Continue dançando até sentir-se plena e pronta para voltar. Agradeça a **Eurínome** e volte à caverna.

Agora você está subindo, subindo, subindo, sentindo-se completamente revigorada, subindo, subindo, subindo, sentindo-se revitalizada, transformada e vibrantemente viva. Você chega à caverna e sai pela abertura. Em pé fora da caverna, inspire profundamente e, à medida que expira, volte ao seu corpo. Respire fundo outra vez e abra os olhos. Seja bem-vinda!

Fréia
SEXUALIDADE

*Houve um tempo
no início
um tempo em que não havia nada
um tempo em que eu dançava
minha dança da sexualidade
a energia da criação
e com essa dança
oferecia ao Todo a minha dádiva
A sexualidade trouxe união comigo
com a Deusa
com o êxtase espiritual
A sexualidade curou e integrou
regenerou e revigorou
A sexualidade entrelaçou você na rede de todos os seres
vivos
Pois a vida existe para expressar a si mesma
Nova vida
vitalidade
ritos de prazer
possibilidade ilimitada
o que quer que você escolha
a sexualidade é a dança expressiva da vida
e sua maior dádiva*

Fréia
SEXUALIDADE

Mitologia

Os europeus do norte chamaram sua Deusa sensual de **Fréia**, que significa "concubina" e deram seu nome para o sexto dia da semana, a Sexta-feira, ou *Friday*. Ela era a regente ancestral dos deuses mais velhos, ou Vanir. Ela e Frigga são dois aspectos da Grande Deusa. **Fréia** é o aspecto donzela, e Frigga, o aspecto materno. **Fréia** não discrimina ao escolher amantes: todos os Deuses eram jogo limpo. Quando **Fréia** aparecia envolta em seu manto de plumas e não usando nada a não ser seu colar mágico de âmbar, ninguém podia resistir a ela.

Significado da carta

Fréia está aqui para ajudá-la a respeitar a sua sexualidade. Está na hora de você se ligar a essa energia vital, primordial, espiritual e revigorante e expressá-la, tenha ou não um parceiro. Trata-se de estar plenamente presente no corpo. Não só os ombros ou a cabeça, mas também o clitóris, o ânus, os seios e os pés. Trata-se de sentir a energia vibrante, elétrica nos órgãos sexuais e usá-la para animar o seu ser.

Você anda sentindo que a sexualidade é enorme ou assustadora demais ou representa um tabu? Você tem medo de que viver e amar a sua sexualidade a impede de ser "uma boa menina"? As advertências que você recebeu na adolescência a estão impedindo de explorar sua sexualidade? (Se lidar com a sexualidade provoca medo em você, talvez você queira trabalhar com **Kali: Medo,** pp. 109-112, ou consultar um terapeuta.) Você tem estado ocupada demais, sem tempo para a sexualidade? Você sente que o sexo exige um parceiro e que, se não estiver com alguém, não pode desfrutar sua sexualidade? **Fréia** diz que, quando você vive a sexualidade, você se abre para a energia dinâmica que flui em toda a criação. Quando você se retrai, se exclui, se desliga da sexualidade, limita suas possibilidades de entrar em contato com a energia da Deusa, que lhe traz mais vitalidade. O caminho para a totalidade deve incluir todos os seus aspectos, e a sexualidade é um aspecto importante.

Sugestão de ritual: Faça amor com os elementos

Há duas maneiras de fazê-lo: como uma viagem ou como uma representação. Se você optar por representar o ritual, precisará encontrar um lugar ao ar livre onde não seja perturbada e onde sua privacidade esteja assegurada. Comece o ritual em pé; mas sinta-se livre para deitar ou sentar quando quiser. Vá devagar e seja delicada consigo mesma. Observe quaisquer sentimentos que vierem à tona e respire com eles. Dê a si mesma permissão para sentir-se bem.

Se optar por fazer o ritual como uma viagem, reserve um horário e um lugar em que não seja interrompida. Sente-se ou deite-se, com a coluna reta. Inspire profundamente e expire, desapegando-se de tudo o que for necessário. Faça outra inspiração profunda, desta vez através da vulva até chegar ao útero. Sinta o útero repleto de sensações agradáveis. Sinta-se bem.

Sinta, perceba ou visualize um círculo. Vá para o leste. O leste é o lugar do elemento ar. Com suas próprias palavras, convide o ar a vir brincar com você. Sinta-o acariciando a sua pele, tocando-a suavemente ou soprando ao seu redor de um jeito erótico. Entregue o corpo às sensações que surgirem. Deixe que o ar brinque com os seus seios. Deixe-o alisar suavemente os seus lábios, o clitóris. Deixe que o prazer se expanda para todo o corpo. Não tenha pressa, sinta o prazer pelo tempo que quiser.

Agora vá para o sul, o lugar do fogo. Convide o calor do sol, do fogo, para brincar com você. Sinta o calor do sol, a vibração do calor lambendo a sua pele em áreas especiais do corpo. Então, à medida que o prazer aumenta, o calor se espalha por todo seu corpo. Inspire a delícia provocada pelo calor do sol, do fogo, e deixe-a irradiar por todo o seu corpo. Não se apresse e vivencie tudo que desejar.

Vá para o oeste, o lugar da água. Convide-a para brincar com você. Sinta a água escorrendo pela sua pele, acariciando-a com sua umidade. Abra os seus pontos mais sensíveis ao toque da água. Sinta o prazer de estar com ela. Deixe a água saborear você, lambê-la, envolvê-la. Inspire a sensação da água (não a água propriamente dita) e deixe-a percorrer todo o seu corpo. Não se apresse, vivencie tudo o que for necessário.

Vá para o norte, o lugar da terra. Convide-a para brincar com você. Pegue a lama, a terra densa e úmida e espalhe-a pelo corpo com respeito, com apreço, respeitando a intenção de proporcionar prazer ao seu corpo. (Se estiver fazendo isso como uma representação, talvez prefira usar fermento ou outro produto que considere seguro para passar nos órgãos genitais.) Espalhe uma camada grossa e farta do amor que a terra tem por você em todo o corpo. Aproveite o momento. Não hesite em vivenciar tudo o que vier à tona. Sinta a terra fazendo amor com você, até ficar satisfeita. Agora inspire toda a energia que criou durante o seu relacionamento amoroso com os elementos. Saiba que é você quem está no comando da sua sexualidade e é responsável por atender às suas necessidades.

Quando estiver pronta, respire fundo e abra os olhos. Volte para o aqui e agora. Agradeça a **Fréia** pela sua dádiva. Seja bem-vinda!

Gildéptis
SÍNTESE

> *Eu tomo os opostos*
> *e os conflitos*
> *tudo o que é contraditório*
> *Eu pego o diferente*
> *e o variado*
> *Eu pego o simples*
> *e o solitário*
> *e misturo e fundo*
> *derreto e ligo*
> *Eu tomo o que está separado*
> *e crio união*
> *Eu junto*
> *o que precisa ser unido*
> *assim a totalidade é alcançada*

Mitologia

Gildéptis, cujo nome significa "dama do cabelo comprido", é a Deusa da floresta dos povos Tlingit e Haida do noroeste da América do Norte. Para seu povo ela era os ramos musguentos do cedro. Quando seu povo foi ameaçado pelo destrutivo redemoinho *Kaegyihl Depgeesk*, que engoliu os navios que navegavam no mar, ela convocou todas as forças naturais da costa, reunindo-as e preparando para elas uma festa suntuosa. Deliciadas com a festa, todas concordaram em trabalhar com ela. Assim, **Gildéptis** foi capaz de sintetizar suas energias e transformar o redemoinho num rio.

Significado da carta

Gildéptis entra mansamente na sua vida para mostrar que o caminho da totalidade para você agora é a síntese. É hora de juntar os aspectos divergentes, os opostos num todo. Neste momento de sua vida, você pode estar envolvida em conflitos ou oposições. Agora você deve resolvê-los e criar união. Talvez você esteja dissipando a sua energia, sua força vital, em muitas direções, ou tenha colocado muita lenha na fogueira. É hora de descobrir um fio comum que servirá para atender às suas necessidades da melhor forma possível. **Gildéptis** diz que aprendendo a ouvir todas as partes, todos os aspectos divergentes, e isso pode incluir sua família, comunidade ou parceiro, você pode oferecer o que é necessário para criar a totalidade. A totalidade é criada quando todas as partes são respeitadas e ouvidas, quando todas as partes são unidas e sintetizadas num todo. As maiores oferendas à totalidade muitas vezes estão nos pontos mais discrepantes.

Sugestão de ritual: Banquete na casa de festas de Gildéptis

Reserve um horário e um lugar em que você não seja interrompida. Sente-se ou deite-se confortavelmente, com a coluna reta, e feche os olhos. Inspire profundamente e expire emitindo um silvo "sssssssss". Em seguida inspire outra vez profundamente e expire desapegando-se de tudo aquilo de que ainda não se desapegou. Então inspire e expire pronunciando um "aaaaaaaaah". Sinta, perceba ou visualize um túnel. Pode ser um túnel que você já conheça ou um túnel imaginário. Pode ser um túnel natural ou feito pelo homem. Inspire profundamente e, à medida que solta o ar, entre no túnel. Ele é quente e bem iluminado, e você começa a viajar para baixo, descendo cada vez mais, indo cada vez mais fundo, mais fundo. Você se sente bem, e vai ficando mais profundamente relaxada à medida que desce. Você vê uma luz no fim do túnel. Então sai do túnel e chega à casa de festas de **Gildéptis**, que fica embaixo da água.

Ela encontra você na entrada e, em sinal de boas-vindas, leva-a até um grande salão de jantar. Ele está ricamente mobiliado com objetos naturais. Embora a mesa esteja posta para muitas pessoas, você é a única convidada. **Gildéptis** lhe oferece o lugar de honra. Ela diz que a festa é em sua homenagem, os outros lugares são para todas as partes e aspectos de si mesma.

Ela pede que você chame todos os seus aspectos e você obedece ("chamá-los" significa pedir que venham, chamando-os pelo nome ou convidando os que quiserem participar.) Seus aspectos chegam e tomam seus lugares. Você talvez reconheça alguns, outros podem surpreendê-la; talvez todos lhe sejam desconhecidos.

Com todos os lugares tomados à mesa, **Gildéptis** diz que essa é uma festa mágica, em que todos os seus aspectos serão alimentados com aquilo de que precisam para que possam sintetizar-se formando um todo, que é você. Ela diz para cada aspecto pedir o que deseja. O primeiro aspecto inspira profundamente e pede aquilo de que precisa. O que foi pedido aparece e é absorvido, aceito e integrado. Então a peça seguinte pede aquilo de que precisa, e assim por diante, até todas pedirem, receberem, absorverem, aceitarem e integrarem. Você é a última a pedir. O que você pediu aparece, você absorve e, então, sente uma onda de força, de energia, de completude, de totalidade. Você se levanta e, um por um, os seus aspectos vêm na sua direção. Você os abraça e eles se tornam parte de você. Você se sente maravilhosa, viva, energizada, centrada no corpo. Um todo. Então agradece a todos os seus aspectos e oferece sua gratidão a **Gildéptis**.

Você entra outra vez no túnel e começa a subir, subir, subir, sentindo-se poderosa, sentindo-se um todo. Para cima, subindo, subindo, até chegar à entrada do túnel e sair. Você inspira profundamente e, à medida que solta o ar, volta ao corpo. Quando estiver pronta, abra os olhos. Seja bem-vinda!

Hator
PRAZER

*Quando você vem a mim
eu tomo o seu espírito
das estrelas
e o visto
num corpo de sensação
para delicadamente concentrá-la na forma
para benignamente aquecê-la na bem-
aventurança
Você está aqui para sentir o deleite
desfrutar a recompensa
conhecer a satisfação
ter prazer
em todos os caminhos
de todas as maneiras
em todos os aspectos
O prazer torna-a suculenta
faz seus olhos cintilarem
anima a sua energia vital
O requinte da existência
é o prazer
Prepare-se para sentir-se muitíssimo bem*

Mitologia

Hator, embora tenha sido representada de várias formas, foi principalmente associada à vaca alada da criação. Como Deusa do nascimento e da morte, recebeu o crédito de ter criado o corpo para que o espírito imortal habitasse nele. Como criadora do corpo, ela também governava todos os prazeres corporais: som, música, canto, dança, arte, amor e toque. Diz-se que ela presidia o nascimento de cada criança e revelava o padrão de seu destino. Ela foi adorada no Egito por mais de 3 mil anos.

Significado da carta

Hator está aqui para dizer que o caminho da totalidade para você está em ligar-se ao que lhe traz prazer e em sentir o prazer. Acaso lhe ensinaram que o prazer é proibido, algo pecaminoso ou mau? Você está tão ocupada cumprindo seus compromissos que o prazer fica relegado ao último lugar em sua lista de prioridades? Você nega o prazer para ir trabalhar? PARE! É hora de mudar tudo isso. O prazer alivia a tensão, relaxa e revigora você. Prazer é o modo como o corpo expressa saúde e vitalidade. É o óleo que mantém você lubrificada e viçosa. **Hator** diz que já que você escolheu estar aqui num corpo físico, você poderia também aproveitá-lo. Não espere que os outros atendam a essa necessidade. Planeje dar diariamente um prazer a si mesma e você encontrará a satisfação dançando em sua vida.

Sugestão de ritual: Pausa para o prazer

Isso pode ser feito em qualquer lugar, ou você pode reservar um horário e local especiais para isso no seu dia. Reserve um período longo ou curto, como for mais apropriado para você.

Inspire profundamente e, à medida que expira, relaxe. Respire fundo outra vez e, quando expirar, dê a si mesma um momento de prazer. Pode ser apenas o prazer de estar sentada e respirando. Talvez você prefira caminhar pela floresta, aquecendo-se ao sol, sentar-se no círculo sagrado do Eu (ver **Durga**, pp. 69-71), olhar um quadro, ler um livro ou ouvir música — tudo o que lhe der prazer. Seja o que for, dê a si mesma de verdade ou por meio de visualização. O que lhe dá prazer pode mudar ao longo do tempo. Se não souber o que lhe dá prazer, pense nessa questão, abra-se a ela, seja receptiva para encontrar a resposta e, quando a encontrar, dê isso a si mesma.

Hécate
ENCRUZILHADA

Sento-me no negrume da noite da Lua Nova
com meus cães
na encruzilhada
para onde convergem três caminhos
o lugar da escolha
Todos os caminhos levam à encruzilhada
e todos são desejáveis
mas apenas um você pode percorrer
apenas você pode escolher
a escolha cria finais
e todo início vem de um final
na encruzilhada
Qual você escolherá?
Qual caminho percorrerá?
Qual?
Embora a escolha seja sua
eis aqui um segredo que partilho com você
O caminho a escolher é adentrar o vazio
O caminho a escolher é deixar morrer
O caminho a escolher é voar livre

Mitologia

Hécate é considerada por algumas pessoas como a Deusa trácia da Lua, e por outras como uma antiga Deusa pré-grega das parteiras, do nascimento, da fertilidade, do lado escuro da Lua, da magia, da riqueza, da educação, das cerimônias e do Inferno. Adorada nos locais onde as estradas se cruzavam, ela andava nas noites de Lua nova acompanhada por uma matilha de cães de caça. As pessoas a veneravam deixando oferendas nas encruzilhadas. Como mulher idosa, ela também formou uma tríade com Perséfone (donzela) e **Deméter** (mãe).

Significado da carta

Hécate a encontra na encruzilhada onde você tem de fazer uma escolha. Os momentos de escolha não são fáceis. Os desafios apresentados precisam de um salto de fé da pessoa que faz a escolha. **Hécate** diz para abandonar a idéia de que há escolhas certas ou erradas: há apenas escolha. Você tem adiado fazer uma escolha porque ela parece muito sufocante ou é uma situação "de perda"? A escolha lhe dá medo do desconhecido? Parece melhor e/ou mais fácil continuar com o que você já conhece?

Às vezes, a escolha tem de ser feita; no entanto você não está pronta. Nesses casos, o caminho para alimentar a totalidade é reconhecer onde você está e relaxar. Confie em que será capaz de fazer uma escolha quando chegar a hora. Conceda-se tempo e espaço. Não pressione, não se censure nem se culpe. Aqui você precisa de proteção. Quando você relaxa, subitamente surge a claridade para mostrar-lhe o que é necessário. Hécate insiste para você aceitar o desconhecido. Saiba que seja qual for a sua escolha, ela lhe trará algo valioso que você poderá usar no caminho para a totalidade.

Sugestão de ritual: Jornada de perspectiva de Hécate

Reserve um horário e um lugar em que não seja interrompida. Sente-se ou deite-se confortavelmente, com a coluna reta. Quando se sentir pronta, feche os olhos. Inspire profundamente e expire devagar. Respire fundo outra vez e, quando soltar o ar, deixe o corpo cair como se estivesse tirando uma roupa de seda, deixando-a cair formando um poço a seus pés. Inspire profundamente outra vez e visualize, perceba ou sinta **Hécate**, a antiga, a Deusa velha, em pé à sua frente. Ela lhe estende a mão, que você aceita.

Um caminho surge diante de você, e ambas caminham por ele. O caminho é de pedra negra, grandes pedaços de obsidiana, e leva por uma descida em espiral. Você desce, desce, cada vez mais fundo, mais fundo, espiralando com **Hécate** a seu lado pelo caminho de obsidiana.

A presença dela é reconfortante e lhe dá segurança. Você continua a descer em espiral no caminho de obsidiana, até atingir uma encruzilhada. Ali o caminho de obsidiana é cruzado por um caminho de pérolas (ou de pedras brancas) e um caminho de coral (pedras vermelhas).

Todos os caminhos estão abertos para você. Qual você percorrerá? Todos são excitantes e lhe prometem algo de que você precisa. E **Hécate** está presente para ajudá-la a escolher.

Na interseção dos três caminhos, **Hécate** se senta e faz um sinal para que você se sente perto dela. Ao sentar-se, você está consciente do poder dos caminhos que se cruzam vibrando sob você. Você inspira profundamente e sente a vibração do seu corpo. As vibrações aumentam de tal modo que parecem lufadas de vento girando em volta de você. Elas lavam você de tudo. E a envolvem, circundam e sustêm. As rajadas vibrantes de vento ajudam-na a abandonar todos os pensamentos, sentimentos, atos. **Hécate** está com você, caso precise de ajuda.

Os ventos a envolvem e você começa a voar com eles. Balançando de um lado para o outro, eles a levam para cima e para baixo. **Hécate** voa com você. À medida que o vento a leva para cima, cada vez mais para cima, **Hécate** sugere que você observe os três caminhos abaixo. Eles não mais a atraem nem a deixam confusa. Parecem estreitos e insignificantes. Apenas três caminhos, três possibilidades.

Os ventos arrefecem, e você flutua suavemente até o chão. É hora de voltar. Você segura a mão de **Hécate**, e ela a conduz para cima, cada vez mais para cima, pelo caminho em espiral, pelo caminho em obsidiana. Para cima, cada vez mais para cima em espiral, sentindo-se calma e centrada, até chegar ao fim do caminho. **Hécate** a abraça e você lhe agradece pela jornada, pelo dom da perspectiva e da clareza. Ela lhe pede algo, e você lhe dá com gratidão. **Hécate** desaparece e você respira fundo. À medida que solta o ar, você volta ao corpo. Respire fundo outra vez e, quando estiver pronta, abra os olhos. Seja bem-vinda!

Héstia
LAREIRA/LAR

Sou a que está no âmago
a indescritível
a impalpável
a presença viva
que habita e transforma
uma construção
uma morada
um palácio
tirando-o do reino do
mármore
da pedra

*ou da madeira
e com o fogo da lareira aceso
transforma-o num lar*

Mitologia

Héstia é uma Deusa tão antiga que é invocada simplesmente acendendo o fogo na lareira. Ela foi de vital importância para a civilização porque representava o centro do lar, da comunidade, da cidade, da metrópole. Sem ela não era possível fazer uma refeição, pois ela era o fogo verdadeiro que transformava os ingredientes em alimento. Recrutada para o panteão do Olimpo, a Deusa **Héstia**, mais idosa, desistiu do seu lugar e foi acender a lareira para que o novo Deus do êxtase e do vinho, Dioniso, pudesse sentar-se no trono.

Significado da carta

Héstia veio para zelar pelo fogo da lareira na sua vida e para dizer que está na hora de concentrar-se no lar. Quer você viva sozinha, com sua família ou com amigos, está na hora de dar prioridade ao seu lar. Talvez você viva numa casa que não é o seu lar ou com pessoas com as quais não deseja viver. Talvez o seu lar esteja tão cheio de pessoas que não sobre espaço para você. Talvez sua vida seja um redemoinho de ocupações, de modo que a sua casa não é o seu lar, mas simplesmente um lugar para trocar de roupa e dormir. Agora é hora de voltar para casa. **Héstia** diz que a totalidade é alimentada quando você aprende a voltar para casa, para si mesma, para então criar a manifestação física apropriada: um lar que a protegerá.

Sugestão de ritual: Volte para casa

Reserve um horário e um lugar em que você não seja interrompida. Sente-se ou deite-se confortavelmente, com a coluna reta, e feche os olhos. Concentre sua percepção nos dedos dos pés e respire para eles. Sinta-se presente nos dedos dos pés. Qual é a sensação? Agora expanda a percepção para os pés e respire para eles. Novamente, qual é a sensação? Expanda a percepção para incluir as pernas e respire. Preste atenção a si mesma e observe qual é a sensação. Continue expandindo a percepção para incluir a pelve, o útero, o abdômen, os órgãos internos e assim por diante, até ficar completamente consciente de todo o seu corpo. Inspire profundamente para todas as partes do corpo e, à medida que solta o ar, sinta-se realmente presente, à vontade no corpo. Respire fundo mais algumas vezes, saboreando essa sensação de "estar em casa", essa presença no corpo. Use o tempo que achar necessário para isso.

Para mulheres que precisam de um lar

Continue depois de "voltar para casa". Mantendo os olhos fechados, visualize, sinta ou perceba o lar ideal para você. É um apartamento numa cidade, ou uma cabana na floresta? Trata-se de uma propriedade palacial, ou de um ninho acolhedor? Seja o que for que lhe dá prazer e alegria, crie-o para si mesma. Você tem de construí-lo tijolo por tijolo, ou basta acenar com sua varinha de condão? A casa fica no centro de um formal jardim inglês, num campo de flores silvestres, num deserto, ou entre rochedos e falésias? Crie o seu lar de acordo com as suas necessidades. Você sempre poderá mudá-lo se desejar. Este é o seu lar espiritual, seu lar longe do lar, seu lugar de voltar para casa sempre que quiser. Ele estará ali sempre que você precisar.

Iemanjá
ENTREGA

*Venha com as suas preocupações
venha com os seus lamentos
venha quando a vida é alegre
venha quando a vida a massacra
venha quando assumir responsabilidades
venha quando quiser abraçar o mundo
com as mãos
venha quando estiver esgotada
venha quando buscar renovação
Tudo o que pedirei quando você vier
é que se entregue a mim
mãe oceano
o meu útero aquático espera para acolhê-la
deixá-la nascer outra vez
quando você se render e entregar*

Mitologia

Iemanjá é uma Deusa do mar das culturas africana e caribenha, que dá à luz catorze orixás ou espíritos. Originalmente conhecida como *Ymoja*, a mãe do rio, na cultura iorubá da África ocidental, ela é cultuada também no Brasil. Na celebração do solstício de verão, seus devotos vão às praias vestidos de branco e entregam ao mar pequenos barcos carregados de flores, velas e presentes. Às vezes ela aceita as oferendas e orações; outras vezes manda-as de volta. Diz-se que aqueles que vão à Mãe **Iemanjá** e se entregam a ela têm seus problemas diluídos nas águas de seu abraço.

Significado da carta

Iemanjá nadando para a sua vida simboliza um período de entrega. Você está carregando um fardo mais pesado do que pode carregar? Pensa que tem de fazer tudo sozinha? Deu de encontro com uma parede e sente que o único modo de passar para o outro lado é atravessar à força? Entregar-se não significa desistir; na verdade, você está se rendendo, pedindo ajuda para conseguir fazer o que quer fazer. A totalidade é alimentada quando você compreende que o único modo de passar por algumas situações é entregar-se e abrir-se a algo maior. A entrega é um ato de abertura e confiança. Quando nos abrimos e confiamos, deixamos que a energia da Deusa atue em nós para alcançarmos aquilo de que precisamos.

Sugestão de ritual: Capitulação

Você pode fazer este ritual na praia ou em outra corrente de água, ou pode fazê-lo como uma viagem da imaginação.

Prepare-se ficando centrada (talvez queira ver **Tara: Centralização**, pp. 180-182). Respire fundo e leve sua consciência para o útero. Respire pela vulva. Quando estiver pronta, entre na água com vagar e reverência, enquanto pede a **Iemanjá** que venha encontrá-la. Escolha um lugar onde possa flutuar de costas com segurança e conforto. Sinta **Iemanjá** acercando-se, acolhendo você. Abandone-se ao seu abraço.

Você pode sentir totalmente o abraço de **Iemanjá** rendendo-se fisicamente a ela, ou pode entregar a ela apenas um aspecto da sua vida no qual precisa de ajuda. Você precisa de assistência nas finanças ou na vida amorosa, ou na procura de emprego ou de moradia? Enquanto você flutua a água lava todo seu corpo, e **Iemanjá** a alivia de todos os fardos que você carrega. Deixe-a tirá-los de você. Concorde em entregá-los. Visualize-se, sinta-se ou perceba-se entregando-os com alívio e com a certeza de que ela tomará conta de tudo. Abandone-se à imensidão do mar.

Quando estiver pronta para voltar, agradeça a **Iemanjá** por esses momentos com ela. Então volte à praia, sentindo-se mais leve, viva e purificada. Seja bem-vinda!

Inanna
ABRAÇANDO A SOMBRA

*Fui até lá
de livre vontade
Fui até lá
com meu vestido mais lindo
minhas jóias mais preciosas
e minha coroa de Rainha do Céu
No Inferno
diante de cada um dos sete portões
fui desnudada sete vezes
de tudo o que pensava ser
até que fiquei nua naquilo que de fato sou
Então eu a vi
Ela era enorme e escura e peluda e cheirava mal
tinha cabeça de leoa
e patas de leoa
e devorava tudo que estivesse à sua frente
Ereskigal, minha irmã
Ela é tudo o que eu não sou
Tudo o que eu escondi
Tudo o que eu enterrei
Ela é o que eu neguei
Ereskigal, minha irmã*

Ereskigal, minha sombra
Ereskigal, meu eu

Mitologia

Deusa sumeriana do Céu, **Inanna** enganou seu pai, Enki, Deus da Sabedoria, fazendo-o entregar-lhe os cem objetos da cultura, que ela então deu à humanidade. Desejando visitar a irmã, Ereskigal, ela seguiu para o Inferno. Lá foi desnudada e assassinada, e deixaram-na pendurada num gancho por três dias e três noites. **Inanna** obteve permissão para sair do Inferno desde que encontrasse um substituto. Ela escolheu seu filho-amante, o pastor Damuzi, que em sua ausência usurpara-lhe o lugar no trono do Céu.

Significado da carta

Inanna está aqui para dizer que uma jornada no Inferno é o caminho da totalidade para você agora. Está na hora de dançar com a sua sombra, reclamar o que você negou, abraçar a sua irmã sombra, o seu lado sombrio. Você precisa de todos os aspectos de si mesma que seus pais, os que cuidaram de você, seus professores e a sociedade consideraram inaceitáveis para conquistar a totalidade na sua vida. Quer se trate de seu talento, de sua beleza, do seu vampiro interior, de sua raiva, de sua loucura, é necessário que você se entregue à viagem e abrace o seu lado sombrio. Se você já estiver no Inferno, a aparição de **Inanna** talvez signifique que está na hora de voltar. Viagens ao Inferno para abraçar o lado sombrio são uma lei em si mesmas. Elas duram o tempo que for preciso — você não pode adaptá-las à sua agenda. Quando estiver na hora de ir, você irá. E só voltará quando estiver pronta. Console-se com a certeza de que todas as viagens ao Inferno terminam e de que você de fato retornará — muito diferente em relação à pessoa que pensava ser ao iniciar a viagem.

Sugestão de ritual: Jornada para encontrar a sombra

Reserve um horário e um lugar em que você não seja interrompida. Sente-se ou deite-se confortavelmente, com a coluna reta. Quando estiver pronta, faça uma inspiração profunda e expire, desapegando-se de tudo. Inspire e relaxe o corpo. Ao expirar, mexa o corpo como se estivesse tirando uma roupa de seda, deixando-a cair ao chão, formando como que um lago a seus pés. Inspire e sinalize a entrada de um túnel. Pode ser um túnel que você conhece ou um túnel inventado. Ao expirar, visualize-se em pé diante dele. Inspire e entre no túnel. Está quente e agradável lá dentro. Você está descendo, descendo cada vez mais, cada vez mais fundo. O túnel é seguro, e você se sente bem. Agora você vê uma luz no fim do túnel. É o limiar do Inferno. Entre.

Chame o que você precisa ver — sua sombra, seu lado sombrio. Chame essa entidade, e ela virá. Qual é a aparência dela? Como ela faz você se sentir? Ela lhe pede algo, e você o dá de bom grado. (Observe: se tiver medo antes da jornada ou quando encontrar seu lado sombrio, continue respirando profundamente e reconhecendo o medo; ele está ali para ajudá-la. Ser capaz de testemunhar todos os aspectos de nós mesmos, com ou sem medo, é o que nos leva à totalidade.)

Agora está na hora de voltar; portanto, dê adeus à sua sombra, por enquanto, e volte ao túnel. Agora você está subindo, subindo, dentro do calor e da segurança do túnel, sentindo-se energizada, revigorada, relaxada. Suba cada vez mais, até chegar à entrada do túnel. Respire fundo e, enquanto solta o ar, volte ao corpo. Respire fundo outra vez e, ao soltar o ar, se estiver pronta, abra os olhos. Seja bem-vinda!

Ísis
MATERNIDADE

Eu concebi
carreguei
e dei à luz toda a vida
Então, depois de lhe dar todo o meu amor
meu filho
dei-lhe meu amado companheiro, Osíris
Senhor da vegetação
Deus dos cereais
para ser ceifado
e nascer outra vez
Eu cuidei de você na doença com minhas artes de cura
fiz suas roupas e inventei tecer e fiar
observei seus primeiros passos
ajudando-o a passar da infância para a maturidade
Estive com você até mesmo
no final
para segurar a sua mão
e guiá-lo para a imortalidade
Você era Tudo
E eu lhe dei tudo
E para você eu fui Tudo
Ísis, Grande Deusa, Mãe de Tudo

Mitologia

Ísis, conhecida como Au Set ("Rainha Suprema") e Isis Panthea ("Ísis, a Deusa de Tudo") foi adorada em muitos lugares, inclusive no Egito, no Império Romano, na Grécia e na Alemanha. Quando seu amado Osíris foi assassinado e desmembrado pelo seu irmão Set, que espalhou seus pedaços, **Ísis** procurou-os e os juntou novamente. Ela achou todos eles, menos o pênis, que substituiu por um membro de ouro. Por meio da magia e das artes de cura, ela trouxe Osíris de volta à vida; em seguida, ela concebeu seu filho solar Hórus, através do pênis de ouro. Quando os templos de **Ísis** foram transformados em igrejas cristãs, **Ísis** com seu bebê Hórus no colo foi transformada na Virgem Maria com o menino Jesus.

Significado da carta

Ísis apareceu na sua vida para lhe dizer que é hora de ser mãe. Você anda desperdiçando sua energia maternal sem guardar nenhuma para si mesma? Assumiu um novo projeto ou teve mais um filho? Sente que algo necessita de cuidado maternal extra, mas não está em condições de oferecê-lo? Sua mãe ou quem cuidou de você lhe deu os cuidados maternos de que você precisava? **Ísis** diz que é importante obter os cuidados maternos de que você precisa para curar as mágoas do passado. Todos precisam de cuidados maternos, independentemente de você ser donzela, mãe ou mulher madura.

Sugestão de ritual: Jornada até Ísis

Reserve um horário e um lugar em que você não seja interrompida. Sente-se ou deite-se confortavelmente, com a coluna reta, e feche os olhos. Faça uma inspiração profunda e exale o ar com o som "ma". Faça outra inspiração profunda e libere tudo o que estiver retendo ao fazer o som "ma". Agora, respire fundo outra vez e, à medida que solta o ar, visualize, sinta ou imagine-se num barquinho num rio de águas calmas e límpidas. O dia está quente e ensolarado, e o barco embala você suavemente para a frente e para trás, para a frente e para trás. Você está deitada sobre almofadas macias enquanto o barco a leva.

Entregue-se ao calor do sol e ao movimento do barco. O som da água batendo contra o barco a coloca num estado de bem-aventurança, totalmente relaxada. Agora você é capaz de perguntar: "Onde preciso de carinho de mãe?" Você visualiza, sente ou percebe uma ocasião na sua vida, passada ou presente, em que precisou de cuidados maternos e não os recebeu. Deixe que quaisquer sentimentos que venham à tona sejam expressos.

O barco flutua até um cais e pára. Diante de você está o Templo de Ísis. Você salta do barco e anda até o Templo. Tire os sapatos e entre nele. Dentro está escuro, exceto por uma lamparina acesa na entrada. Você pega a lamparina e continua entrando nas profundezas do Templo de Ísis. Encontre um local em que você se sinta bem e coloque a lamparina no chão. Em seguida sente-se diante dela e chame Ísis.

Ísis aparece e pergunta o que você quer. Você lhe fala sobre o momento de sua vida em que precisou de cuidados maternos e pede que ela dê isso a você. Entregue-se a ela e aceite o seu amor maternal divino, até ficar satisfeita e saciada. Ísis lhe pede uma oferenda, que você dá de coração aberto.

Quando estiver pronta para partir, agradeça a Ísis. Ela desaparece, e você pega a lamparina, devolve-a ao seu lugar e sai do templo. O barco está à sua espera. Você entra no barco, que volta ao rio e segue levando-a de volta. Você navega com uma sensação de relaxamento, revitalização e paz. O barco atraca na margem oposta do rio. Faça uma respiração profunda, solte lentamente o ar e, quando sentir que está pronta, abra os olhos. Seja bem-vinda!

Ix Chel
CRIATIVIDADE

*Eu teço fios de energia
na teia da criação
Onde nada existia antes
do vazio
para o mundo
eu fio criando a vida
a partir da minha mente
a partir do meu corpo
a partir da minha consciência do que precisa existir
Agora existe algo novo
e toda a vida é alimentada*

Mitologia

Ix Chel foi adorada pelos maias da península do Yucatã, em Cozumel, sua ilha sagrada. A Deusa da Lua e da Serpente ajuda a assegurar a fertilidade pelo fato de segurar o vaso do útero sagrado de cabeça para baixo, de modo que as águas da criação possam estar sempre jorrando. **Ix Chel**, portanto, preside a tecelagem, a magia, a saúde e a cura, a sexualidade, a água e o nascimento dos filhos. A libélula é seu animal especial. Quando ela quase foi morta pelo avô por tornar-se amante do Sol, a libélula cantou sobre ela até que se recuperasse.

Significado da carta

Ix Chel teceu a si mesma na sua vida para lhe dizer que está na hora de expressar a criatividade. É hora de atiçar o fogo, de deixar fluir sua energia criativa. Crie! Seja ousada! Mas também seja responsável e consciente, quer suas criações sejam obras de arte ou obras da carne (filhos). A criatividade alimenta, costura os rasgos feitos em nossa vitalidade, cura. Ela é nosso direito por nascença e o sangue da nossa vida; ela nos faz saudáveis e felizes. Nós, mulheres, temos a capacidade de criar: nós damos à luz. Portanto, encontre tempo, crie um tempo, descubra o tempo de ser criativa. Bata esse tambor, use aquelas tintas, faça essa cerâmica, calce as sapatilhas de dança, escreva aqueles romances, explore sua sexualidade, alegre-se com a própria criatividade. Crie da maneira que achar mais apropriada para você. Não deixe que nada a detenha.

Você se sente bloqueada na sua criatividade porque não se considera tão boa quanto os outros? Seus filhos, seu parceiro, sua família, seu emprego a impedem de ser criativa? Pare de usar a criatividade para descobrir razões para não criar. **Ix Chel** diz que a totalidade é alimentada quando você se abre à criatividade e a vive.

Sugestão de ritual: A teia de energia de Ix Chel

Reserve um horário e um lugar em que você não seja interrompida. Talvez você queira fazer isso antes de dormir. Sente-se ou deite-se confortavelmente, com a coluna reta, e feche os olhos. Faça uma inspiração profunda e solte o ar lentamente pela boca sem emitir nenhum som. Inspire profundamente outra vez e deixe toda a tensão excessiva e o *stress* do seu corpo/mente/espírito saírem como vapor e desaparecerem. Relaxe profundamente. Nesse estado de relaxamento, perceba, sinta ou visualize os átomos do seu corpo vibrando. Agora, amplie a consciência para a sua cama. A cama é feita de átomos, e eles estão vibrando, dançando. Seja uma coisa só com sua cama, apenas moléculas de energia pulsante. Agora, amplie a consciência para o quarto, depois para a casa ou apartamento, depois para a cidade. Toda vez que você amplia a consciência, você sente as outras energias transformando-se numa massa de energia vibrante.

Amplie a consciência para o seu estado, depois para o país, o hemisfério, o planeta. Tudo é pura energia vibrando. Agora você é uma partícula de energia vibrando no sistema solar. Você percebe, sente e visualiza a si mesma como uma partícula de energia vibrando na tela energética chamada universo. Fique nesse lugar pelo tempo que quiser.

Quando estiver pronta, sinta o que deseja criar. Sinta-o tão vivamente quanto possível. O que você quer criar? Um novo lar? Outra carreira? Uma pintura, uma composição musical, um livro, uma poesia, uma peça de teatro, um relacionamento? Crie a sua obra com responsabilidade e consciência. Sinta o novo fio, a sua criação, ser acrescido à teia de energia, depois cerque-o de energia e desapegue-se dele.

Agora está na hora de voltar. Começando com uma partícula de energia vibrando no universo, contraia o seu campo energético para um partícula energética vibrando no sistema solar; depois na Terra, no hemisfério, no país, no estado, na cidade, no apartamento ou casa; depois no quarto, em sua cama. Agora você está no seu corpo, realizando a sua dança energética sozinha, só você. Quando estiver pronta, abra os olhos. Seja bem-vinda!

Kali
MEDO

*Sou a dança da morte que está
por trás de toda a vida
o derradeiro horror
o último êxtase
Sou a existência
Sou a dança da destruição que porá fim a
este mundo
o vazio intemporal*

a boca sem forma que devora
Sou o renascimento
Deixe-me fazê-la dançar para a morte
Deixe-me fazê-la dançar para a vida
Você vai superar seus medos para dançar comigo?
Vai permitir que eu corte a sua cabeça
e beba o seu sangue?
Então você se separará de mim?
Enfrentará todo o horror
toda a dor
todo o sofrimento
e dirá "sim"?
Eu sou tudo o que você teme
tudo o que a aterroriza
Eu sou os seus medos
Vai me enfrentar?

Mitologia

Kali, deusa tríplice hindu da criação, da preservação e da destruição, é a força animadora de Shiva, o destruidor (Senhor da Dança). Ela é a fome insaciável do tempo, que dá à luz e depois devora. Crânios, cemitérios e sangue estão todos associados ao seu culto. A energia de **Kali** é incontrolável. Depois de matar dois demônios, ela se embebedou com o sangue deles e começou a dançar sobre seus corpos mortos. **Kali** dançou até entrar num frenesi e compreender que quase levou Shiva à morte dançando.

Significado da carta

Kali começou a dançar na sua vida para dizer que é hora de enfrentar os seus medos. Tudo o que está ameaçadoramente à espreita, quer esteja profundamente enterrado na sua escuridão interior ou bem perto, precisa ser encarado e trazido à luz da consciência. Seus medos estão ao seu serviço, avisando-a sobre lugares, coisas ou pessoas perigosas? Ou a impedem de dançar a sua dança, viver a sua vida, criar com a Criação? **Kali** veio para dizer que a sua dança é necessária como parte da totalidade da Dança da Criação. A totalidade é cultivada quando você resgata os aspectos de si mesma de que abriu mão por medo. A maioria dos medos não tem forma. Ao nomear e testemunhar o medo, você ganha força. A totalidade é criada quando você aprende a reconhecer seus medos e começa a superá-los.

Sugestão de ritual: Enfrente o seu medo

Reserve um horário e um lugar em que você não seja interrompida. Sente-se ou deite-se confortavelmente, com a coluna reta, e feche os olhos. Quando estiver pronta, inspire profundamente e exale, desapegando-se de tudo. Inspire e relaxe. Quando expirar, deixe o corpo cair como se fosse uma roupa de seda, amontoando-se à sua volta. Coloque a mão sobre o coração para poder sentir o ritmo e a pulsação dos batimentos cardíacos. Deixe que o ritmo da sua respiração fique mais lento à medida que você inspira e expira, ouvindo as batidas do seu coração. Faça uma inspiração profunda e, à medida que solta o ar, veja-se em pé dentro do seu coração. A sensação é de bem-estar.

    Há um caminho atrás do seu coração, conhecido como "caminho oculto". Siga por ele. Ele a leva para cima e para baixo. Sobe e desce. Nele você vivencia tudo que precisa vivenciar e vê tudo que precisa ver. O caminho começa a subir gradativamente, cada vez mais para cima. Agora ficou muito íngreme, e você é obrigada a escalá-lo até chegar a uma saliência. Você a alcança e lentamente se coloca de pé.

Agora você está na Planície da Visão, onde o vento sopra frio, claro e limpo — onde você pode ver tudo que precisa ver. Faça uma inspiração profunda e inale a claridade da Planície da Visão.

É hora de voltar. Peça ao seu medo para acompanhá-la, submetendo-se à sua decisão. Faça outra respiração completa e profunda da claridade da Planície da Visão. Retorne à saliência e inicie a descida. O caminho que desce a sustenta levando-a cada vez mais para baixo. Agora você se sente revigorada e revitalizada, livre e flutuante enquanto volta ao caminho oculto que fica atrás do seu coração.

Você se aproxima do coração e entra nele, sentindo a pulsação do seu sangue. Respire fundo e, quando soltar o ar, estará de volta ao corpo. Respire fundo outra vez e, se estiver pronta, abra os olhos. Seja bem-vinda!

Kuan Yin
COMPAIXÃO

Fiz o juramento
e mantive a minha palavra
Atingi a iluminação
mas em vez de passar
a um estado eterno de bem-aventurança
mantive a forma humana
até todos os seres atingirem a iluminação
Manter a forma humana
fez-me capaz de conhecer mais profundamente
a dor que os outros sentem
Por causa dos meus sentimentos profundos

por causa da minha compreensão
da miséria e do sofrimento
por causa da minha decisão
sou chamada A Piedosa
Aquela Cujo Nome Alivia Todo Sofrimento
Mas você não preferiria esperar
sentir o que os outros sentem
sofrer o que sofrem os outros
reconhecer a dor deles como sua
esperar até o fim de todo sofrimento e dor
até que todos os seres alcancem a iluminação?
Para mim não havia outra escolha.

Mitologia

Kuan Yin, ou "aquela que ouve os lamentos do mundo" é o boddhisatva da Compaixão no budismo chinês. Ela vive na sua ilha paradisíaca de P'u T'o Shan, onde, diz-se, ouve todas as preces. Ela é tão poderosa que a simples menção do seu nome alivia o sofrimento e as dificuldades. Tendo optado por permanecer neste mundo depois de alcançar a iluminação, **Kuan Yin** jurou manter sua forma humana até todos os seres atingirem a iluminação. No Japão, ela é conhecida como Kwannon.

Significado da carta

Kuan Yin aparece misericordiosamente na sua vida para dizer que está na hora de alimentar a totalidade com a compaixão — compaixão pelos outros, por seus entes queridos, por si mesma. Você fica irritada ou não se interessa pelo sofrimento dos outros? O que a afasta da sua compaixão? Você proporciona a si mesma espaço e bem-estar quando está aquém da sua idéia de perfeição? Você se surpreende com vontade de ferir os outros porque foi ferida? Tem medo de abrir o seu coração às dificuldades dos outros porque isso pode feri-la? Compaixão é a capacidade de ouvir profundamente e de dar aos outros e a si mesma espaço para experimentar tudo o que deve ser experimentado, e sentir tudo o que deve ser sentido. **Kuan Yin** diz que o caminho para aliviar o sofrimento é desenvolver a compaixão por si mesma. Desse lugar piedoso em seu interior, você pode manifestar a compaixão no exterior.

Sugestão de ritual: Jornada até Kuan Yin

Reserve um horário e um lugar em que você não seja interrompida. Sente-se ou deite-se confortavelmente, com a coluna reta, e feche os olhos. Faça uma inspiração profunda e solte o ar lentamente. Em seguida, respire fundo para o seu coração e solte suavemente o ar enquanto sente que o coração se expande. Inspire profundamente e exale com um suspiro do coração. Veja, sinta ou perceba a si mesma dentro do coração. Ouça o coração batendo e sinta-o pulsando ao seu redor. Dentro do seu coração existe uma ponte de arco-íris. Você anda pela ponte do arco-íris e começa a atravessar as grandes águas. Caminhando pela ponte, você se sente cada vez mais relaxada. As grandes águas são serenas, tranqüilas; caminhar pela ponte é uma delícia; o ar é refrescante e agradável.

Do outro lado da ponte do arco-íris fica a ilha paradisíaca de **Kuan Yin**, P'u T'o Shan. Quando você chega, ela a cumprimenta e lhe entrega uma bela flor. Ao inspirar o perfume da flor, você sente seu coração se abrir. Ela toma você pela mão e a conduz através da vegetação abundante, exuberante e perfumada até o seu pavilhão. Depois de acomodá-la com carinho e consideração, ela lava os seus pés e então serve a você o que lhe deve ser servido. Ela pede para você contar seus problemas, e você o faz. Ela ouve com profunda atenção. Você se sente protegida e amada no âmago do seu ser. Sente-se completa e inteiramente ouvida, vista; sente que prestam atenção a você. Isso é maravilhoso e profundamente benéfico. Você se sente cada vez mais leve e à vontade consigo mesma. Fique sentada com **Kuan Yin** até estar pronta para voltar. Ela a leva até a ponte do arco-íris e a abraça. Depois de agradecer, você inicia o caminho de volta pela ponte, sentindo-se revitalizada e cheia de energia.

A viagem de volta pela ponte do arco-íris é curta, e você logo chega ao seu coração. Inspire profundamente e, enquanto solta o ar, volte para o corpo. Respire fundo outra vez e, ao soltar o ar, abra os olhos. Seja bem-vinda!

Lakshmi
ABUNDÂNCIA

Eu sou o jorro abundante e eterno
da fartura
o inesgotável
o que não tem fim
Da plenitude do meu ser
ofereço os meus dons opulentamente
generosa e copiosamente
com sensualidade e liberdade
Sou ilimitada
não posso ser contida
Estou em toda parte
e nunca deixarei de existir

Mitologia

O culto a **Lakshmi** começou antes da invasão ariana da Índia. Ela é considerada a força animadora ou Shakti de Vishnu, o Preservador. Seu animal sagrado é a vaca, símbolo da abundância e da plenitude. Ela aparece aqui com elefantes jorrando água, outro símbolo de sua vigorosa abundância. Embora seja descrita como flutuando no mar eterno do tempo, repousando sobre uma flor de lótus, os hindus dizem que os deuses agitaram violentamente o mar da criação do qual **Lakshmi** surgiu em todo o seu esplendor.

Significado da carta

Lakshmi aparece na sua vida para dizer que é hora de alimentar a totalidade reconhecendo e vivendo a abundância. A sua existência está definida e contida nos parâmetros da escassez, e não nos da abundância? Suas finanças se baseiam na consciência da pobreza e não na ilimitada abundância? Sua visão da vida é a de nunca ter o suficiente, e não a de ter tudo o de que precisa? Abra-se à abundância, à generosidade que existe no seu mundo. **Lakshmi** diz que a abundância é difícil de perceber quando a carência, a pobreza e a escassez dominam a consciência. Para você, o caminho da totalidade está em abrir-se ao fluxo da abundância no universo e reconhecer a abundância na sua vida. Quando você se abre ao fluxo, torna-se parte dele e o atrai para si. Quando se conscientiza da abundância em sua vida em todas as suas formas — amizade, saúde, família, amor, beleza, talento, bom humor, etc. —, você poderá atraí-la conscientemente.

Sugestão de ritual: *Flua com Lakshmi*

Reserve um horário e um lugar em que você não seja interrompida. Você vai precisar de papel e caneta. Faça uma lista de tudo o que você tem na vida. Por exemplo: lar, companheiro, amigos, filhos, alimento, talento, beleza, roupas, saúde, animais, etc. Quando terminar, sente-se ou deite-se, com a coluna reta, e feche os olhos. Respire profundamente. Respire fundo outra vez e inale a energia dourada docemente perfumada. Quando você soltar o ar, essa energia dourada de cheiro doce vai circular por seu corpo. Faça isso novamente. Agora sinta, perceba ou visualize a entrada de um túnel: ele pode ser um túnel que você já conhece ou um imaginário. Entre nele. Lá dentro é agradável e bem iluminado e, à medida que você avança, fica mais profundamente relaxada.

No final do túnel há um caminho que a leva até um enorme tanque com flores de lótus. Nas margens do tanque há almofadas suntuosas, as roupas mais luxuosas que você já viu e algumas jóias requintadas. Vista as roupas, use as jóias, sente-se nas almofadas. Diante de você surgem alimentos e bebidas numa quantidade indescritível.

Quando estiver à vontade e refrescada, volte o olhar para o tanque. Enquanto você observa, uma enorme flor de lótus começa a se abrir, revelando **Lakshmi** em todo seu esplendor. Ela lhe pede a sua lista e você a entrega agradecendo a ela pela abundância que há agora em sua vida e pedindo abundância nas áreas em que for necessário. Ela também pede que você lhe dê um símbolo físico palpável que represente essas áreas da sua vida. Ao entregá-lo, você tem uma profunda sensação de alívio. Você sente o deleite de saber que ela está tomando conta desses aspectos da sua vida. Agora é hora de voltar. Você se despede de **Lakshmi** e agradece mais uma vez. Ela lhe diz para ficar com as roupas e as jóias. Enquanto ela fala, as roupas e as jóias se dissolvem e se tornam parte de você. Você fica com a sensação de que ainda está ricamente vestida, e segue pelo caminho de volta, atravessando o túnel agradável e bem iluminado; sai dele, respira fundo e, à medida que solta o ar, volta ao corpo. Quando sentir que está pronta, abra os olhos. Seja bem-vinda!

Lilith
PODER

*Eu danço a minha vida para mim mesma
sou inteira
sou completa
digo o que penso
e penso o que digo
Eu danço a escuridão e a luz
o consciente e o inconsciente
o sadio e o insano
e falo por mim mesma
autenticamente
com total convicção
sem me importar com as aparências
Todas as partes de mim
fluem para o todo
todos os meus aspectos divergentes tornam-se um
Eu ouço
o que é preciso ouvir
nunca peço desculpas
sinto os meus sentimentos
Eu nunca me escondo
vivo a minha sexualidade
para agradar a mim mesma
e agradar aos outros
Expresso-a como deve ser expressa
do âmago do meu ser*

da totalidade da minha dança
Eu sou fêmea
sou sexual
sou o poder
e era muito temida

Mitologia

Lilith foi originalmente a Rainha do Céu sumeriana, uma deusa mais antiga que **Inanna**. Os hebreus incorporaram essa Deusa e a transformaram na primeira esposa de Adão, que se recusou a deitar-se debaixo dele durante o ato sexual. Ela insistia que, por terem sido criados iguais, eles deviam fazer sexo de igual para igual. Como Adão não concordou, ela o deixou. Depois disso, na mitologia judaica, ela era descrita como um demônio.

Significado da carta

Lilith aparece para dizer que você precisa reassumir o seu poder. Em que pontos você o perdeu ou desperdiçou? Que crenças você mantém que o negam? Acaso lhe disseram que uma mulher poderosa nunca encontra companheiros? Ou que as mulheres não podem ter poder porque isso lhes anularia a feminilidade? Você foi escarnecida, afastada ou banida pelos outros quando esbarraram no seu poder? Está com medo de fazer mau uso dele, dominando ou manipulando os outros? **Lilith** diz que, agora, para você, o caminho da totalidade está em reconhecer que não está ligada ao seu poder e, então, em segundo lugar, submeter-se e aceitar esse poder.

Sugestão de ritual: Cerimônia de cortar a corda

Você pode fazer este ritual a qualquer momento. Trabalhar com o ciclo lunar aumentará o seu poder. Uma boa hora para cortar as cordas é na Lua nova. A época certa para colocá-las é o dia seguinte ao da Lua cheia. Você pode usá-las até a Lua nova ou mantê-las por um período maior ou menor — o que achar melhor.

Você precisará de corda, fio, barbante ou o que lhe parecer mais apropriado. Deve ser firme o suficiente para você usar pelo tempo que for preciso. Você também precisará de uma tesoura, de uma faca, de um turíbulo, de um caldeirão ou de um fogão a lenha. O ritual pode ser feito a sós ou com outras pessoas.

Preparação: Escolha até três situações em que não estava ligada ao seu poder. Talvez você tenha ficado com medo de utilizá-lo, ou pode ser que suas crenças a impeçam de expressá-lo. Em seguida, escolha uma data para colocar as cordas. Pode ser agora mesmo, ou talvez você prefira alinhar-se com os ciclos da Lua. Quando se decidir quanto à data, junte todas as coisas listadas acima.

Cerimônia: Você pode traçar um círculo ou fazer o que lhe parecer mais adequado. Quando estiver pronta, pegue a sua corda e corte-a no comprimento desejado, que deve ser determinado pelo lugar do corpo em que você pretende amarrá-la; por exemplo, nos tornozelos, nos pulsos, na garganta ou na cintura. O local escolhido será determinado pelo que o cordão representar. Se quiser transformar o que a impede de caminhar em todo o seu poder, você pode amarrar a corda em volta dos tornozelos. Se tiver problemas para dizer a sua verdade, talvez deva amarrá-la na garganta. Se tem medo de que a sua sexualidade a impeça de manifestar o seu poder, talvez seja conveniente amarrar a corda mais embaixo, ao redor dos quadris. Faça o que lhe parecer mais certo.

Enquanto estiver amarrando a corda junto à sua pele, afirme o significado dela. Por exemplo: "Esta corda simboliza o meu desejo de estar em meu poder ao deparar a minha própria verdade." Quando terminar, passe à corda seguinte: Você pode optar por trabalhar com apenas uma corda por vez ou com três. Lembre-se de dar atenção a todas as cordas. Durante os dias que separam a colocação e o corte das cordas, você precisará concentrar-se em cada corda e no que ela representa, olhando-a ou sentindo-a junto à pele.

No dia ou noite que você escolheu para cortar as cordas, pegue o queimador de incenso, o caldeirão ou fogão a lenha, fósforos e uma faca ou tesoura. Agora trace um círculo ou faça o que lhe parecer mais adequado. Quando estiver pronta, acenda o que estiver usando. Você deseja dançar e tocar selvagemente o tambor, gritar o significado das cordas e como a retomar o poder ao cortá-las? Ou prefere ficar sentada em silêncio, confirmar o significado das cordas e seu desejo de retomar o poder, cortando-as em seguida? Faça o que for melhor para você. Talvez queira cortar cada corda de forma diferente. Corte a primeira corda, passe à seguinte, até que todas as cordas estejam cortadas. Agora pegue-as e coloque-as no turíbulo, caldeirão ou no fogão a lenha e observe-as enquanto queimam. Sinta um fluxo de poder enquanto observa cada corda transformando-se em fumaça.

Se quiser dançar, deixe que a dança simbolize a sua intenção de reconquistar o poder e tudo o que a corda significa para você. Quando terminar, corte as cordas e jogue-as no fogo.

Se estiver fazendo este ritual em grupo, o grupo pode tocar tambor ou uma música. Cada membro terá sua vez no centro do círculo para dançar suas cordas. Quando a dança terminar, a própria pessoa pode cortar as cordas ou designar outra pessoa para cortá-las. Então ela atira as cordas ao fogo, e quando tiverem queimado é a vez da próxima pessoa, até todas terem dançado, cortado e queimado suas cordas.

Respire fundo e sinta sua nova noção de poder. Se você traçou um círculo, libere o que foi chamado para fazer parte dele com gratidão. Agradeça a **Lilith** por lhe apontar o caminho para o seu próprio poder.

Maat
JUSTIÇA

*Sou a lei da verdade
o caminho da integridade
a que preserva o código
e em meu coração mora a justiça
Eu peso todos os atos contra
a minha pena de verdade
peso todos os atos
e eles devem provar que são os mais
pesados
Então eu dou as lições
crio as oportunidades
abro os caminhos
graciosamente ofereço
o que tem de ser aprendido
para corrigir todos os erros*

Mitologia

Maat foi uma antiga Deusa egípcia da lei, da ordem e da justiça. Com sua pena da verdade ela pesava as almas de todos os que chegassem ao seu Salão de Julgamento subterrâneo. Ela devia colocar a pluma na balança, no prato oposto ao do coração do falecido. Se os pratos ficassem em equilíbrio, o falecido podia festejar com as divindades e os espíritos da morte; se o coração fosse mais pesado, o falecido era devolvido a Ahemait (Deusa do Inferno, que é parte hipopótamo, parte leão, parte crocodilo) para ser devorado.

Significado da carta

Maat chegou com sua pena da verdade para ajudá-la a trazer justiça à sua vida. Você está numa situação que parece injusta, desonesta ou pouco razoável? Tem usado de integridade, mas o outro ou os outros não, e agora você está ferida e busca justiça? Não tem sido honesta em suas palavras, em suas atitudes? Você está sendo injusta com os outros? Consigo mesma? Talvez seus padrões sejam tão rígidos que você ache impossível atendê-los e se sente continuamente obrigada a rebelar-se? Você tem um juiz interior que a condena por quaisquer ações segundo suas próprias regras? É hora de pagar todas as dívidas, de promover um equilíbrio honesto e razoável em todos seus procedimentos. **Maat** diz que o caminho da totalidade para você está em aceitar a natureza amorosa da justiça que busca corrigir todos os erros ao dar as lições necessárias.

Sugestão de ritual: Ceder a Maat para alcançar justiça

Reserve um horário e um lugar em que você não seja interrompida. Talvez você queira usar uma roupa diferente, queimar um incenso ou acender uma vela. Faça o que mais lhe agradar.

Trace um círculo chamando ou transformando-se nos elementos Terra, Ar, Fogo e Água (ver **Vila: Mudança de forma**, pp.185-188). Invoque tudo o que for preciso ou quem você deseja convidar — animais-guias, a Deusa e Deus, o Grande Mistério, a avó Lua. Assim que tiver traçado o círculo e feito os chamados, você estará pronta para invocar **Maat**. Talvez você queira colocar a carta que representa **Maat** no centro do círculo, ou algo que a represente particularmente para você. Ao invocar a Deusa, é melhor usar suas próprias palavras e falar diretamente do coração. Não são as palavras que importam, é a intenção, vinda sincera e diretamente do coração. Feche os olhos e invoque-a tocando tambor, cantando, dançando, pronunciando as palavras em voz alta ou em silêncio. Abra-se para ela e sinta, visualize ou perceba a sua presença. Agora entregue a ela aquilo que requer justiça em sua vida. Sinta esse aspecto sendo tirado de seus ombros. De fato sinta, visualize ou perceba que **Maat** vai cuidar disso. Esse aspecto está fora de sua vida, não lhe pesa mais nos ombros, foi removido de sua mente. Agradeça a **Maat** por ter vindo e libere-a com gratidão. Agora libere tudo o que você convidou a entrar no círculo. Permita-se sentir, perceber ou visualizar o círculo que você traçou desaparecendo no ar. Seja bem-vinda!

Maeve
RESPONSABILIDADE

Eu sou uma Guerreira
uma Guerreira do Coração
Sou a Rainha
dos domínios de mim mesma
Sou capaz de responder
em todas as situações
a partir do conhecimento de quem sou
Minhas ações são quem eu sou
Minhas crenças são quem eu sou
Tudo o que eu faço é quem eu sou
O que é exterior a mim
é exterior
Aquilo que decido interiorizar
eu possuo e reconheço
Como você pode ser responsável
se não tomar posse de todos os aspectos de si mesma?
Como pode ser confiável
sem ser Rainha em seus próprios domínios?

Como pode servir seu esposo, seus filhos, sua comunidade
se não estiver disposta a reconhecer-se e a responder por si mesma?

Mitologia

Maeve, cujo nome significa "intoxicante", foi associada à Irlanda, e representou a soberania do país e seu centro mágico, Tara. Com o passar do tempo, ela foi reduzida a **Maeve** a Rainha, que podia correr mais que os cavalos, conversar com os pássaros e levar os homens ao ardor do desejo com um mero olhar. No épico irlandês *Tain Bo Cuillaigne*, **Maeve** (que se escrevia Medb ou Mebhdh) discute com o seu rei sobre quem é o mais rico, uma vez que, segundo o costume celta, o mais rico numa parceria é o soberano. Ele venceu porque tinha um touro mágico. Ela então decidiu roubar um touro vermelho mágico para si mesma. Depois de várias batalhas e muito derramamento de sangue, **Maeve** venceu o touro vermelho. Entretanto, quando os dois touros se enfrentaram, estraçalharam-se um ao outro em pedaços.

Significado da carta

Maeve entra corajosamente no seu caminho para desafiá-la a assumir a responsabilidade pela sua vida. Está na hora de ser a "rainha de seus domínios", tornando-se consciente, depois responsável por tudo o que você faz, por tudo o que você é, por tudo aquilo em que você acredita.

Existem pontos dentro de você que parecem incertos como águas desconhecidas? Você parece viver no "automático", como se tivesse sido programada por outra pessoa? Talvez você tenha sido arrastada em determinada situação em vez de tentar descobrir se esse é o melhor lugar para você. Ou talvez não esteja disposta a tomar posse de todos os seus aspectos, a reconhecer o que tem feito para ajudar a criar a situação ou o relacionamento que você vive agora.

Maeve está aqui para lembrá-la de que o caminho para a totalidade é assumir a responsabilidade pela sua vida, seja ela como for. Somente quando você assumir a responsabilidade, reconhecer onde está, quem você é, o que você é, é que poderá criar algo diferente.

Sugestão de ritual: Dança da posse

Reserve um horário em que você possa sentir-se segura no seu ambiente, não seja interrompida e possa fazer barulho. Talvez queira acender uma vela e/ou queimar um incenso, o que for mais útil para o processo.

Em primeiro lugar, faça uma lista usando uma folha de papel para cada área da sua vida: emprego, filhos (se os tiver), relacionamento com amigos, amantes, parentes, etc. Tudo quanto você quer fazer desta vez depende de você. Perto de cada palavra que escreveu, anote o que está sentindo sobre isso. Por exemplo, emprego: secretária num escritório de advocacia; sentimento: ódio. Então continue passando à folha seguinte e assim por diante até terminar.

Junte as folhas e vá para um local bem espaçoso. Escolha uma música que a faça dançar do jeito que você gosta ou use um chocalho ou tambor. Trace um círculo no centro desse espaço, andando, desenhando-o no chão, ou então dispondo objetos em círculo.

Quando estiver pronta, comece a música. Dê a si mesma permissão para brincar, para realmente aproveitar e ter um momento agradável. Por enquanto, fique fora do círculo. Pegue a primeira folha e diga em voz alta as palavras escritas nela. Em seguida, diga: "Isso é meu", tantas vezes quanto você precisar para sentir que tomou posse disso. Você pode acompanhar as palavras batendo os pés no chão, pulando ou fazendo qualquer movimento que lhe pareça adequado. Quando terminar, coloque a folha no centro do círculo e passe à folha seguinte. Faça o mesmo com essa folha e depois coloque-a no círculo junto com a primeira. Quando tiver feito isso com todas as folhas de papel, dance ou pule para dentro do círculo e pegue todas elas. Parada ou continuando a se mover e a dançar, diga: "Tudo isso é meu", quantas vezes for preciso. Inspire profundamente para tomar posse de tudo o que está escrito no papel.

Quando sentir que está pronta, saia do círculo e apague a vela. Agradeça a si mesma, agradeça a **Maeve**, agradeça à sua vida. Remova ou desfaça o círculo. Deixe-se sentir a totalidade e o poder, agora que você se alimentou de responsabilidade.

Maya
ILUSÃO

O que existe em mim que é tão difícil de compreender?
Eu danço a energia universal
sempre em movimento
sempre ativa
Você nunca pode me ver
pois estou velada
e esse véu é um produto adicional
do que faço
do que sou
Vá mais fundo
não seja apanhada
na magnificência da minha criatividade
Minha criação é a ilusão
por trás da qual está
o conhecimento de que
toda matéria é energia
e toda energia é uma coisa só

Mitologia

Os hindus e budistas da Índia adoravam **Maya** como o "Universo Material", como a "Mãe da Criação", "Tecelã da Teia da Vida" e como ilusão. Ela é a parte virginal ou donzela da **Kali** de três partes (os três aspectos são a virgem, a mãe e a velha). **Maya** também é cultuada no Nepal, no Tibete, na Ásia e nos Himalaias. Seus atributos especiais são inteligência, criatividade, água e magia. Aqui ela é representada erguendo os véus da forma terrena para revelar a verdadeira natureza do universo.

Significado da carta

Maya entrou sutilmente na sua vida para dizer que você precisa enfrentar a sua ilusão. Está na hora de ver o que é ilusão, o que é verdadeiro, o que é real. Você foi pega em uma situação particular e parece não poder mexer-se porque é muito difícil ver claramente? Você se sente intrigada pelo que uma certa realidade parecia oferecer e agora descobre que não existe nada lá? Tem ouvido apenas as palavras que as pessoas dizem, em vez de ouvir o que está por trás das palavras? **Maya** diz que é fácil ser apanhada pela ilusão. A totalidade é cultivada quando você reconhece onde está e perdoa a si mesma, fica consciente da ilusão e então, conscientemente, levanta os véus para viver a realidade. Enxergar a realidade por trás da ilusão lhe confere poder.

Sugestão de ritual: Rompa os véus da ilusão

Você precisará de caneta e papel. Reserve um horário e um lugar em que não seja interrompida. Sente-se ou deite-se confortavelmente, com a coluna reta, e feche os olhos. Respire bem devagar. Concentre-se na respiração, no ar entrando e saindo. Quando estiver pronta, sinta, visualize ou perceba sua situação atual envolta em véus. Ao fazer a pergunta: " O que está acontecendo?", visualize, sinta ou perceba esses véus rompendo-se. Agora abra os olhos e pegue o papel e a caneta. Defina a situação em que você está, depois descreva clinicamente apenas os fatos.

Ao terminar, largue a caneta e feche os olhos. Concentre-se na respiração. Quando estiver pronta, faça a seguinte pergunta: "Como me sinto sobre a situação atual?" e visualize, sinta ou perceba mais véus levantando. Abra agora os olhos e escreva como se sente em relação à sua situação. Se precisar entrar em contato com os seus sentimentos, veja **Deméter**: *Sentimentos/Emoções*, pp. 66-69.

Quando terminar, largue a caneta e feche os olhos. Concentre-se na respiração. Quando estiver pronta, faça a terceira pergunta: "Do que eu preciso?" e visualize, sinta ou perceba todos os véus restantes soltando-se da sua situação. Agora abra os olhos e anote as coisas de que você precisa.

Olhe para as suas listas, os três fios entrelaçados na situação. Pergunte a si mesma: "Essa situação me presta algum serviço?" Escreva a resposta. Concentre-se outra vez na respiração. Visualize, sinta ou perceba sua situação atual como ela realmente é. Fique na posição de observadora; não deixe que a emoção confunda a sua perspectiva. Aceite a clareza que você sente agora. Você viu as coisas como elas realmente são, e isso lhe confere poder. Inspire o poder da clareza e a percepção que resulta de enxergar a realidade. Seja bem-vinda!

Minerva
CRENÇAS

Sou aquilo que penso
Minha vida é formada e moldada
pelo que digo a mim mesma
Quem sou no mundo
é o que eu penso que sou
O que tenho no mundo
é o que penso que posso ter
O conteúdo de minha mente
é o que eu escolho
Eu descarto, corto, jogo fora
aquilo que não contribui para nada
O que os outros pensam de mim
é a história deles
e diz muito mais sobre eles
do que sobre quem eu sou
Na minha jornada
eu me certifico de que aquilo que carrego
seja de minha própria e cuidadosa escolha
e me sirva bem

Mitologia

Minerva, deusa romana e etrusca da inteligência, da criatividade, da sabedoria, das habilidades domésticas e manuais, era a protetora dos artesãos, de todas as pessoas cujo trabalho manual era guiado pela mente. Seu nome vem da antiga raiz da palavra "mente". **Minerva** aparece aqui com sua árvore, a oliveira. Ela usa uma égide, um peitoral ladeado de serpentes, e uma coruja em seu touca do que a identifica como a Deusa da morte e dos mistérios mais profundos.

Significado da carta

Minerva veio para dizer que está na hora de examinar as suas crenças e mudá-las, se elas não alimentam a sua totalidade. Como pensamentos velhos, desgastados, insalubres estão minando a sua vida, a sua energia, a sua felicidade? Você acredita no que as outras pessoas pensam e/ou dizem a seu respeito? Você ainda está rodando a fita de mensagens negativas que seus pais ou as pessoas que tomavam conta de você lhe deram quando era criança? Você acredita no pior sobre si mesma, ou no melhor? Suas crenças são rígidas demais para permitir e apoiar sua evolução? Todos nascemos com uma história. Se vamos viver a história com que nascemos ou criar uma história que alimente tudo o que queremos ser é uma escolha nossa. **Minerva** diz que a totalidade é cultivada quando você se vê em todos os seus aspectos — tanto os sombrios como os luminosos — e escolhe as suas crenças para que sirvam ao seu mais alto benefício.

Sugestão de ritual: O que há no meu sótão?

Reserve um horário e um lugar em que você não seja interrompida. Você precisará de papel e caneta. Sente-se ou deite-se confortavelmente, com a coluna reta, e feche os olhos. Inspire profundamente, respirando para todas as partes do corpo, deixando a respiração enchê-la como se você fosse um balão. Quando estiver completamente cheia, solte o ar. Respire fundo outra vez e solte o ar. Feche os olhos e sinta, visualize ou perceba um lance de escadas que leva você a um sótão. Pode ser um sótão que você já conheça ou um que você imagine. Suba os degraus. No alto da escada há uma porta. Você tem a chave dessa porta pendurada num cordão em seu pescoço. Pegue a chave e abra a porta. Você entra numa sala. Numa parede há prateleiras. Numa das prateleiras há uma caixa com a inscrição "crenças". Pegue a caixa e abra. Dentro dela estão as suas crenças. Enfie a mão dentro da caixa, puxe uma delas e examine-a. Depois de examiná-la bastante, pergunte a si mesma: "Esta crença serve ao meu mais alto benefício ou à totalidade?" Se a resposta for afirmativa, devolva essa crença à caixa e tire outra. Se a resposta for negativa, transforme a crença em algo que sirva a você, algo que lhe pareça bom, algo que a alimente.

Repita sua nova crença algumas vezes e sinta-a aprofundando-se no seu coração, na sua consciência. Vivencie a alegria de ter essa nova crença. Quando terminar, ponha a nova crença aperfeiçoada na caixa e devolva a caixa à prateleira. Feche a porta do sótão e tranque-a com a chave. Desça a escada. Quando chegar embaixo, respire fundo e solte lentamente o ar à medida que volta ao corpo. Quando sentir que está pronta, abra os olhos. Seja bem-vinda!

Nota: Se perceber que suas crenças parecem resistir aos seus esforços para transformá-las, repita este ritual em outra ocasião. Isso é um processo, e as crenças com que você está lidando estão aí há muito tempo. Aqui é importante confiar. Talvez você queira anotar o nome de sua nova crença e colocá-lo num lugar de destaque, onde possa vê-lo sempre.

Morgana, a Fada
RITMOS

> *Quando danço com a Vida*
> *danço o meu próprio ritmo*
> *mantendo o meu compasso*
> *Minhas marés anímicas estão alinhadas*
> *e fluem*
> *com a minha pulsação: minha expressão*
> *única*
> *Reverenciando a mim mesma*

eu reverencio tudo
Quando você dança com a Vida
qual é o seu ritmo?
Ele é rápido ou lento
lépido ou litúrgico
repetitivo ou em constante mudança?
Você deixa o ritmo servi-la
ou abatê-la
acalmá-la
ou agitá-la
encorajá-la
ou perturbá-la?
Você sabe?

Mitologia

Morgana, a Fada, é uma Deusa tríplice celta da morte e do renascimento, representada como uma bela jovem donzela, uma vigorosa mãe/criadora ou uma bruxa portadora da morte. Ela também foi uma Deusa do mar, pois seu nome, "Mor", na língua celta significa mar. Seu último nome tem dois significados: "a fada" e "o fado", ou a sina. Nas lendas arturianas, ela era meia-irmã de Artur. Diz-se que ela manipulava Morderete, filho dela com Artur, para induzi-lo a matar o pai. Quando Artur morre, **Morgana, a Fada** vem em seu auxílio para levá-lo à ilha mágica de Avalon, onde ela o cura e, em seguida, lança-o num sono profundo, do qual ele só acordará quando o tempo for propício.

Significado da carta

Morgana, a Fada chegou dançando à sua vida com seus tambores e sua magia para convidá-la a descobrir e viver seus ritmos. Qual é o seu ritmo pessoal? Você sabe qual é o melhor momento para exercitar-se, dormir, comer, ser criativa, fazer amor, trabalhar, etc.? Ou gasta toda a sua vitalidade ajustando-se ao ritmo imposto pelo trabalho, pela família, pelo amante, pelos amigos? Você mergulhou na vida do outro e vive o ritmo dele em vez do seu? Talvez você nunca tenha descoberto o seu ritmo porque quer agradar àqueles com quem convive e "fazer parte do time". É de vital importância que você siga o seu próprio ritmo. Fluir com ele lhe dará mais energias, porque você não estará mais reprimindo o que lhe é natural. **Morgana, a Fada** diz que a vitalidade, a saúde e a totalidade são cultivadas quando você flui com sua pulsação única, em vez de ir contra ela.

Sugestão de ritual: Jornada até Avalon

Reserve um horário e um lugar em que você não seja interrompida. Sente-se ou deite-se confortavelmente, com a coluna reta, e feche os olhos. Respire fundo e solte o ar lentamente. Inspire profundamente outra vez e solte o ar como se fosse um dragão de fogo, exalando chamas de tensão. Faça isso novamente e, quando soltar o ar, veja quão longe você consegue lançar as chamas da tensão. Agora, respire fundo outra vez e, ao expirar, visualize, sinta ou perceba que está num pequeno barco. Pode ser um barco com o qual você já está familiarizada ou um que só existe na sua imaginação. O barco balança, balança para a frente e para trás, e você entra num estado de profundo relaxamento. É tão agradável ser suavemente embalada pelo barco enquanto você é carregada através da água, em segurança.

Você olha para cima e só vê a bruma, que se desfaz lentamente, abrindo uma passagem para o barco. Depois que você entra, a bruma se fecha outra vez. Adiante fica a ilha de Avalon. O barco chega à margem, e você desembarca. **Morgana, a Fada**, lhe dá as boas-vindas e a recebe em Avalon.

Ela pergunta o que você quer, e você diz que veio buscar ajuda para lidar com seus ritmos. Ela toma sua mão e a leva até um tanque mágico no centro de um círculo de macieiras. Vocês se sentam nas pedras na beira do tanque. **Morgana, a Fada** pega sua varinha e agita a água do tanque. Quando a água se aquieta outra vez, o que você vê na superfície é exatamente aquilo de que precisa. Você agradece a **Morgana, a Fada** pela ajuda, e ela lhe pede algo que você dá com gratidão, de coração aberto. Então ela a acompanha de volta ao barco.

Você entra no barco e ele parte. Novamente a bruma se abre para você, depois se fecha. O embalo suave do barco é reconfortante. Você está voltando, sentindo-se profundamente purificada e consciente, voltando, sentindo que sabe o que precisa fazer, voltando, sentindo-se refrescada e revitalizada.

Você respira fundo e solta o ar bem devagar, voltando plenamente ao corpo. Respire fundo outra vez e, enquanto solta o ar, abra os olhos. Seja bem-vinda!

Mulher do Milho
ALIMENTO

Eu lhe dou o meu peito
a terra
e amamento você com
milho e grão
plantas e animais e peixes
tudo para sustentá-la
tudo para alimentá-la
tudo para fortalecê-la

a grande entrega
meu amor por você
o alimento
para que você possa viver
prosperar e crescer
Do meu peito
a terra
porque eu amo você

Mitologia

Os aborígines nativos e os povos do *pueblo* * — os Arikara, Pawnee, Cheyenne, Mandan, Hidatsu, Abnaki, Cherokee e Huron — vêem o milho como uma Deusa. A **Mulher do Milho** reúne as figuras da Mãe do Milho, da Donzela do Milho e da Mulher Amarela. Todas elas se relacionam com o milho como um ser sagrado que se entrega ao seu povo para sustentá-lo e nutri-lo. O Deus criador dos arikara, Nesaru, criou a Mãe do Milho a partir de uma espiga de milho que cresceu no céu. A Mãe do Milho então veio à Terra e ensinou ao povo como honrar as divindades e plantar o milho.

Significado da carta

A **Mulher do Milho** traz seu amor por você na forma de alimento, dizendo que está na hora de você se alimentar. Comer é um ato sagrado. Algo vivo morre e você o come, seja caçando/matando os animais com as próprias mãos, seja comprando vegetais no supermercado. Parte do fato de ser humano significa provocar a morte para viver. Tratar o ato de comer como uma pequena tarefa, como algo a ser

---

*Aldeias de índios do Arizona e do Novo México, construídas de pedra e adobe.

temido ou evitado é denegrir a dádiva de amor da **Mulher do Milho** e das plantas e animais.

Você tem medo da comida? O mero fato de olhar para ela faz você sentir que está ganhando peso? Você está ocupada demais, cansada demais, envolvida demais com coisas mais importantes do que alimentar-se? Você alimenta os outros mas não se alimenta? Tem um relacionamento ambivalente, de amor e de ódio, com a comida? A **Mulher do Milho** diz que comer é um dos atos mais básicos da nutrição e que o caminho para a totalidade está em estabelecer um relacionamento correto com os alimentos.

Sugestão de ritual: Refeição sagrada

A hora é a do café da manhã, do almoço ou do jantar, e o lugar é onde você faz as refeições. Você pode fazer isso sozinha ou com seus entes queridos ou amigos. Pode preparar a comida ou pedir que outros a preparem. Quando a refeição estiver pronta, sente-se no seu lugar. Reserve um momento para olhar para a comida, para ver, perceber ou sentir a energia vital do alimento que está diante de você. Em seguida, feche os olhos e respire fundo. Observe os sentimentos que vêm à tona. (Talvez você também queira trabalhar com **Deméter: Sentimentos/Emoções**, pp. 66-69.) Agora sinta a energia da terra subir pelos dedos dos pés, para a batata das pernas, para as coxas e assim por diante, para cada parte do seu corpo, até você se sentir centrada, concentrada, consciente e plenamente em seu corpo. Respire fundo outra vez e sinta todas as suas células respirando com você. Agora abra os olhos.

Sirva-se de algum alimento. Respeite as plantas ou os animais pronunciando palavras de gratidão. À medida que se serve de um pedaço, faça-o devagar, esteja com o alimento, com as sensações, com todos os seus sentidos. Mastigue devagar, dando a si mesma o tempo para sentir o paladar, o aroma, os diferentes sabores. Tente sentir o gosto de todos os ingredientes. Ao comer o próximo bocado, concentre-se na energia vital. Você sente uma vibração enquanto mastiga, como impulsos energéticos pulsando na sua boca? Perceba como você e a comida tornam-se uma coisa só à medida que ela se dissolve na sua boca. Engula a energia vital dos alimentos e sinta-a alimentar a sua própria energia vital. Aproveite plenamente o prazer do ato de comer. Continue a comer desse modo concentrado, sagrado, estando presente no corpo, prestando atenção a todos os sentidos, até ter comido o suficiente. Quando terminar, respire profundamente e deixe que a energia que você ganhou circule pelo seu corpo. Agradeça à **Mulher do Milho** e a si mesma pela alimentação.

Mulher Mutante
CICLOS

> *Sou a que vive circulando*
> *a que não pode morrer*
> *Renovo-me nas estações*
> *no ciclo do tempo*
> *no grande círculo*
> *Eu sangro, mas não morro*
> *Retenho o sangue dentro de mim e me*
> *torno sábia*
> *Danço em espiral*
> *e continuo mudando*

Mitologia

A **Mulher Mutante**, ou Estsanatlehi (a que se renova) — como é chamada pelos navajos e pelos apaches — pode mudar de idade simplesmente andando até o horizonte e cruzando-o. Alguns de seus nomes são Mulher da Concha Branca e Mulher Turquesa, que correspondem à mudança das cores do seu vestido à medida que mudam as estações do ano. Os navajos dizem que ela foi encontrada por Coyote, depois de ter nascido da Escuridão e da Aurora na montanha Spruce, com um lençol de nuvens e arco-íris, mantida em segurança em seu berço pelos relâmpagos e pelos raios do Sol. Suas dádivas para o povo são as cerimônias de bênção, as estações e o alimento.

Significado da carta

A **Mulher Mutante** entra girando na sua vida para dizer que o caminho para a totalidade está em aprender a respeitar os seus ciclos. Ciclos menstruais são um aspecto importante de ser mulher. Nós sangramos mas não morremos, portanto, podemos levar a vida adiante. Continuando a dançar nossos ciclos, chegamos à menopausa quando deixamos para trás a época fértil, de fecundação de filhos, e retemos nosso sangue sábio dentro de nós. Então podemos ser uma fonte de sabedoria para nossos entes queridos e para a comunidade ao nos tornarmos bruxas, o que significa "mulheres sábias".

Você celebra a sua menstruação e a vê como uma época de interiorização? Como uma época de abandono, de deixar morrer para que o novo possa chegar? Ou você adotou o ponto de vista patriarcal de que a menstruação é algo impuro, algo que deve ser escondido? A menopausa enche você automaticamente de medo de ficar velha e feia, de não ser mais valorizada e digna numa cultura que adora a juventude? Você se sente desamparada numa sociedade que leva as mulheres a esconder seus períodos de sangramento, regular seus hormônios tomando pílulas, e adiar a menopausa por meio da TRE (terapia da reposição de estrógeno)?

Respeitar os ciclos também significa honrar seu processo único, seu caminho único na vida. Você pode estar no meio de um ciclo vital particular ao qual deve render e honrar. A **Mulher Mutante** diz que a totalidade é alimentada quando proclamamos o poder em nossos ciclos prestando atenção a eles e celebrando-os. Ao celebrar nossos ciclos, nós nos celebramos como mulheres.

Sugestão de ritual: Celebre os seus ciclos

Reserve um horário e um lugar em que você não seja incomodada. Sente-se, fique em pé ou deite-se confortavelmente e identifique o ciclo em que você está. Você pode optar por descobrir ou fazer um símbolo para o seu ciclo atual. Trace um círculo chamando os elementos (falando com eles e pedindo que estejam presentes) ou transformando-se neles (ver **Vila: Mudança de forma**, pp. 185-188). Se estiver usando um símbolo, coloque-o no centro do círculo. Ande ao redor do lado de fora do círculo e preencha o lado de dentro com respeito e honra. Você pode fazer isso tocando sua música predileta e dançando ao redor do círculo, pensando ou cantando "Amo os meus ciclos, gosto de ser mulher". Você pode tocar tambor ou outro instrumento musical. Pode fazer qualquer coisa que celebre você e os seus ciclos. Não esqueça de observar que sentimentos isso desperta e expressá-los.

Continue até sentir que a energia do ciclo é forte, então entre no círculo e respire profundamente para as suas células. Deite-se, sente-se ou fique em pé no círculo, o que for mais confortável para você. Deixe a energia de celebração que você criou alimentá-la até o âmago do seu corpo/mente/espírito. Sinta o seu poder de cura refazer os tecidos dilacerados e feridos. Sinta-se mulher, orgulhosa por ser mulher, por sangrar, por reter seu sangue sábio dentro de si. Sinta-se orgulhosa por estar no meio de um ciclo, qualquer que seja ele. Quando sentir-se alimentada, agradeça à **Mulher Mutante** e a si mesma, à sua feminilidade. Saia do círculo. Libere o que você havia invocado. Seja bem-vinda!

Nu Kua
ORDEM

Há um Caminho
e eu sou esse Caminho
o Caminho da Natureza que se move
em todas as coisas
No início
criei o padrão universal
o modo como as coisas são
o modo como as coisas fluem
o modo como as coisas devem ser
Então
ordenei as estações em seqüência
harmonizei as encostas das montanhas
organizei os oceanos
até que tudo estivesse auspiciosamente arranjado
Eu sou a ordem natural das coisas
Eu sou o Caminho

Nu Kua
ORDEM

Mitologia

Quando os povos Hopi e Shansi, do norte da China, chamaram o Grande Caos para o universo, **Nu Kua**, a Deusa com corpo de dragão, veio para restaurar a ordem. Ela substituiu os pilares do céu pelas pernas da grande tartaruga e cravejou o firmamento de pedras coloridas. Seus reparos permitiram que a chuva caísse quando fosse necessário e que as estações chegassem em sua ordem natural. Os dragões nas duas colunas guardam o caminho do Sol e da Lua. O compasso que ela usa na cintura simboliza a ordem.

Significado da carta

Nu Kua flutua para a sua vida a fim de ajudá-la a criar a ordem. O caos está sempre à espreita nas fronteiras da sua vida, ameaçando invadi-la se relaxar por um instante? Você deixou as coisas se acumularem e se sente soterrada por elas? Você se considera excelente na organização da vida do seu chefe, da sua família, do seu parceiro, mas não da sua? Você tem medo da ordem, medo de, se encontrar um sistema que funcione para você, sentir-se presa a ele, incapaz de fluir? Ou talvez tenha criado ordem em sua vida, mas de um modo rígido, sólido, pesado, talhado em pedra. Agora está na hora de alimentar a si mesma com uma ordem que colabore com sua força vital em vez de chocar-se contra ela. **Nu Kua** diz que, quando a vida está organizada de modo natural, você alimenta seu caminho para a totalidade. Quando impõe algo artificial a partir do exterior, você cria revolta e resistência.

Sugestão de ritual: Jornada até Nu Kua

Reserve um horário e um lugar em que você não seja interrompida. Sente-se ou deite-se confortavelmente, com a coluna reta, e feche os olhos. Respire fundo e solte o ar bem devagar. Inspire profundamente e, quando soltar o ar, sinta que está ficando mais leve. Respire fundo mais uma vez e, ao soltar o ar, sinta-se relaxada e à vontade, sinta que está flutuando, subindo, subindo, cada vez mais alto, relaxada e à vontade, confortável e segura. Subindo cada vez mais alto, você flutua leve e delicadamente até chegar ao palácio de **Nu Kua**. O portão principal se abre para você. Você atravessa uma série de portas que se abrem para lhe dar passagem, até alcançar o grande salão do trono e ficar diante de **Nu Kua**.

Ela a convida para sentar e lhe trazem uma cadeira. Ela pergunta o que você quer, e você diz que precisa de sua ajuda para criar ordem na sua vida. Ela pede uma imagem da desordem na sua vida e você a oferece. Ela faz perguntas sobre desordem e você responde. Então ela diz o que você deve fazer. Ela lhe pede um presente e você o dá de coração. Depois agradece e volta ao portão principal passando pelas portas, que se fecham depois da sua passagem. No portão principal, uma nuvem macia e branca se aproxima, e você se deita sobre ela. Ela a leva para baixo, cada vez mais para baixo; você se sente purificada e centrada. Para baixo, descendo, descendo cada vez mais, até estar de volta ao corpo. Respire fundo e, enquanto solta o ar, abra os olhos. Seja bem-vinda!

Nut
MISTÉRIO

Tente me alcançar
toque em mim
Estou sempre além do seu alcance
Não tente imaginar como eu sou
porque você não pode
Sou o sempre presente e insondável
desconhecido
sou a imensidão do céu estrelado
Estou além da compreensão humana
na amplidão do meu ser
Sou um mistério
até mesmo para mim

Mitologia

Nut é a deusa egípcia do céu noturno, também conhecida como a Grande Profundeza, a abóbada celestial, que faz nascer o Sol toda manhã, depois o devora outra vez à noite. Desaprovando o incesto cometido por **Nut** ao deitar-se com seu irmão Geb, a Terra, Rá, o Sol, ou Deus supremo, os separou. **Nut** ascendeu ao céu, onde permanece, com seu corpo formando um arco de estrelas. Pintada dentro da tampa interior de um sarcófago, ela cuida do morto e o protege em sua jornada.

Significado da carta

A abóbada celeste brilhante de **Nut** se expande na sua vida para lembrá-la de que você está aberta ao mistério. Você tem tudo planejado na sua vida, não deixa espaço para o mistério? A sua vida se desenvolve apertada demais? Você está tentando fazer tudo com segurança definindo, rotulando, sabendo de tudo? Entregue-se ao mistério, ao incognoscível. A Mulher Sábia conhece muitas coisas no universo que continuarão sendo um mistério, e deixa espaço para ele ao tecer a sua vida. **Nut** diz que o caminho para a totalidade agora é confiar em que o mistério que você compreendeu será exatamente o que você precisa para sua jornada rumo à totalidade.

Sugestão de ritual: O abraço de Nut

Você pode fazer isto como uma viagem da imaginação ou como um ritual, se viver num lugar em que se sinta segura ao ar livre à noite. Se optar pela viagem, reserve um horário e um lugar em que você não seja interrompida. Sente-se ou deite-se confortavelmente, com a coluna reta, e feche os olhos. Respire fundo e solte o ar rapidamente. Inspire profundamente outra vez e solte o ar bem devagar. Inspire ainda mais uma vez bem fundo e expire com a lentidão de uma tartaruga.

Se optar por fazer este ritual, saia. Se estiver fazendo a viagem, visualize, sinta ou perceba a imensidão do corpo de **Nut**, o céu noturno acima de você. Veja nitidamente a sua forma. Ela está sorrindo e estende-lhe a mão, convidando você a aproximar-se. Ela aponta para o caminho de estrelas em espiral que começa a brilhar à sua frente, e você segue por esse caminho. Agora você está cercada pela imensidão de **Nut**, pela sua amplidão, sua escuridão. Ela a espera, e você continua a subir pelo caminho de estrelas até estar diante dela. Ela lhe estende os braços, e você caminha para receber o seu abraço.

Ela a abraça e embora você sinta o calor desse abraço, também sente algo que nunca compreenderá: o mistério de **Nut**. Ela a convida a abrir o coração e a confiar nela. Você abre o coração e vivencia uma profunda sensação de unidade com o desconhecido. Você se sente tranqüila, centrada e segura, e fica abraçada a ela até sentir-se plena, satisfeita, pronta para continuar. Você agradece a **Nut**, e ela lhe diz que é hora de voltar. Você segue pelo caminho de estrelas, de volta à Terra, de volta ao lar, de volta ao corpo. Respire fundo e, quando estiver pronta, abra os olhos. Seja bem-vinda!

Oxum
SENSUALIDADE

Oh, deixe-me deliciá-la com a minha beleza
de modo que o olho possa dançar de alegria
deixe-me seduzi-la com perfumes
para que você inspire prazer
deixe-me excitar seu paladar
até sua língua tremer
deixe-me acariciá-la com um som
que faça seus ouvidos zunirem

deixe-me tocar o seu corpo
com a música da cachoeira
e adornar sua beleza com
braceletes dourados e mel e perfume
e quando tudo tiver sido feito
quando todos os seus sentidos tiverem sido despertados
quando seu espírito celeste se unir de modo jubiloso
com seu corpo terrestre
então você conhecerá a sensualidade

Mitologia

Oxum, a deusa brasileira da macumba e das águas — rios, riachos, fontes — é conhecida por seu amor pelas coisas belas. Ela gosta de se enfeitar, especialmente com as cores amarela e dourada. Gosta de ritos em ambientes aquáticos, que incluam homenagens com mel e dinheiro (moedas de cobre). Seu colar de búzios simboliza seu conhecimento e poder de adivinhação. Diz-se que as mulheres devotadas a **Oxum** carregam o dom especial da sua Deusa. Elas andam e dançam dos modos mais excitantes e provocantes. No seu caminhar está o fluxo do rio. Ninguém consegue escapar de seus encantos.

Significado da carta

Oxum aparece sedutoramente em sua vida e adula você para lembrá-la de reverenciar a sua sensualidade. A totalidade é alimentada quando você concentra sua atenção e seu tempo no corpo, respeitando e dando espaço aos sentidos e à sensualidade. **Oxum** está aqui para dizer que é hora da sensualidade. Ela a convida a seguir sua orientação.

Sugestão de ritual: O banho

Quando tiver um tempinho para si mesma, tome um banho. Coloque uma música relaxante. Acenda uma vela no banheiro, de modo que a luminosidade seja suave e agradável. Antes de entrar no banho, ponha algum óleo essencial na água para ficar envolta em sua fragrância.

Entregue-se ao calor da água, sentindo-o eliminar a tensão de todos os pontos do seu corpo, substituindo-a por descontração e receptividade. Sinta-se boiar na água, aquecendo-se no calor, no aroma e na música. Feche os olhos e respire fundo. Sinta prazer, sinta-se à vontade, sinta-se grata pelos dons do corpo e dos sentidos. Fique nesse estado de relaxamento pelo tempo que quiser. Quinze minutos é um bom período. Quando terminar o banho, passe um óleo natural no corpo. Sopre a vela agradecendo a **Oxum**.

Oya
MUDANÇA

Eu trabalho de modo profundo
sempre presente
sempre em movimento
Eu trabalho de modo dramático
com trovões e relâmpagos
varrendo e extirpando
Eu trabalho de modo sutil
empurrando e aguilhoando
deteriorando
Eu a rodopio e giro
borrifo e disperso
choco e sacudo

abro caminho para o que tem de vir
Posso ser insignificante ou estupenda
breve ou duradoura
tumulto ou ascensão
O que não posso é ser ignorada

Mitologia

Na África, **Oya** é a Deusa iorubá dos fenômenos climáticos, especialmente dos tornados, raios, tempestades destrutivas — do fogo, da liderança feminina, do encanto persuasivo e da transformação. Ela também é uma das mais poderosas divindades da macumba brasileira. Quando as mulheres sentem que estão às voltas com problemas de difícil solução, é a ela que devem pedir proteção. Usando a cor da uva, sua predileta, e exibindo nove redemoinhos (nove é o número sagrado), ela é apresentada aqui com um turbante imitando os chifres de um búfalo, pois diz-se que ela assumiu a forma de um búfalo quando se casou com Ogum.

Significado da carta

Oya vem causando tempestades na sua vida para dizer que é hora de mudar, e que a mudança está montando acampamento no degrau da sua porta. O caminho da totalidade para você agora é abraçar a mudança. Você tem estado ocupada demais, estressada demais para prestar atenção às mudanças necessárias em sua vida para alimentar a si mesma? Mudança é um conceito que lhe inspira tanto medo que você prefere deixá-la de lado, brincar de esconde-esconde ou simplesmente ignorá-la? Você organizou sua vida com tanta perfeição que não sobrou espaço para desenvolver o seu potencial? É hora de mudar. É hora de remover, limpar, varrer. Talvez você esteja no meio da Mudança (menopausa) e tenha dificuldade em aceitá-la. Resistir à mudança provoca mudanças mais persistentes. Escolher dançar com a mudança significa que você flui com ela. Deixe-se ser instável, prepare-se para crescer. Entre profundamente na dança caótica da mudança e você será ricamente abençoada com incontáveis possibilidades. É hora de fazer algo completamente diferente. **Oya** diz que a terra precisa ser revolvida antes que algo possa ser plantado, e que a mudança sempre traz aquilo de que você precisa em seu caminho rumo à totalidade.

Sugestão de ritual: Encare a mudança como uma aliada

Reserve um horário e um lugar em que você não seja interrompida. Sente-se ou deite-se confortavelmente, com a coluna reta, e feche os olhos. Respire fundo e solte o ar lentamente. Inspire profundamente e desta vez solte o ar enquanto emite os sons do vento. Faça outra respiração profunda e, enquanto expira, sinta-se, visualize-se ou perceba-se andando por um caminho. O dia está bonito, perfeito para uma caminhada. O caminho a leva para cima e para baixo. Você segue por ele, entregando-se ao lugar para onde ele a conduz, sentindo-se cada vez mais relaxada, mais e mais à vontade.

Agora o caminho é ascendente. Você vai subindo cada vez mais. Logo é preciso escalar, usando as mãos. E o caminho continua, sempre para cima. Finalmente, você tem de subir a um imenso platô. Você chegou ao Plano da Visão, onde o vento sopra frio, claro e limpo. Aqui você pode ver com clareza o que precisa ver.

Sinta o rodopiar dos ventos, enquanto sua visão clareia. Você chama **Oya**, e ela vem. Ela lhe dá um abraço apertado e pergunta por que você veio. Você indaga: "O que devo fazer para tê-la entre meus aliados?" E ela responde. Veja a resposta claramente em sua mente e em seguida agradeça a **Oya** pela ajuda. Ela lhe pede um presente que você dá com gratidão e de boa vontade. **Oya** a abraça outra vez e desaparece.

Agora, é hora de voltar. Você desce devagar e com cuidado. Desce cada vez mais, sentindo-se calma e revigorada. Para baixo, para baixo, sentindo-se à vontade e concentrada até estar outra vez no caminho, que a faz atravessar e passear ao redor. Você segue, com uma sensação de paz. O caminho desce e sobe, e você fica cada vez mais desperta. Respire fundo e, soltando o ar bem devagar, volte ao corpo. Respire fundo outra vez e abra os olhos. Seja bem-vinda!

Pachamama
CURA/TOTALIDADE/SAGRADO

*Eu canto uma canção de amor
a partir das pedras do meu corpo
dos picos mais altos das minhas montanhas
das areias quentes dos meus desertos
Eu a acaricio com folhas verdes
plantas verdes
relvas verdes
Eu a banho em vegetais
alimento-a em meus seios
a Terra
Eu a acalmo com águas cintilantes
refresco-a em meus oceanos
Minha canção de amor para você
é o meu corpo
a Terra
para alimentá-la
vesti-la
acolhê-la*

*Aprenda a minha canção
e ela vai curar você
cante a minha canção e ela a fará inteira
dance comigo e você será sagrada*

Mitologia

Para os povos anteriores aos incas no Peru e na Bolívia, **Pachamama** ou *Mamapacha* é a Terra, adorada em suas várias formas: os campos arados, as montanhas como seios, os rios caudalosos como seu leite. Para assegurar uma boa colheita, espalha-se farinha de trigo na plantação e celebram-se rituais em sua homenagem. Quando as pessoas deixam de respeitá-la, esta Deusa-dragão manda terremotos para lembrar os homens da sua presença.

Significado da carta

Pachamama espera por você de braços abertos. É hora de aceitar o abraço de **Pachamama**. Este é o momento de curar/integrar e de lembrar-se de sua santidade, lembrar-se de que você é um ser sagrado. Você sente uma ligação com a Mãe Terra como um organismo vivo ou considera a Terra uma rocha inerte sob seus pés? Está às voltas com algum sofrimento que nada parece aliviar? Come e bebe água sem dar graças à Terra? Está buscando respostas para as suas perguntas? Passa algum tempo ao ar livre abrindo-se à Terra e às suas energias vitais? Abrir-se a **Pachamama** é algo que pode ocorrer em qualquer lugar. Essa comunhão pode se dar num parque da cidade, em seu próprio quintal, em alguma floresta remota, na mata ou no deserto. **Pachamama** diz que a cura ou integração é alimentada quando você se abre para ela.

Sugestão de ritual: Abra-se a Pachamama

Se você pode ficar ao ar livre, junto à natureza, encontre um lugar onde se sinta segura. Sente-se, fique em pé ou repouse confortavelmente sobre **Pachamama**, com a coluna reta. Se isso não for possível, reserve um horário e um lugar dentro de casa em que você não seja interrompida. Sente-se ou deite-se confortavelmente, com a coluna reta. Respire fundo e sinta o perfume de **Pachamama**. Você sente o cheiro de suas folhas, de suas plantas e de suas flores? Sente o cheiro seco do deserto ou o aroma penetrante do oceano? Inspire profundamente e, enquanto solta o ar, abra-se a **Pachamama**. Deixe-a envolvê-la com seus perfumes, com suas sensações. Sinta-se envolvida por ela com amor e proteção. **Pachamama** é mãe de todas as criaturas que se aproximam e habitam nela. Deixe que seus meios de cura a confortem, deixe que ela reconstrua o tecido das falhas na estrutura do seu ser. Talvez você a veja diante de si, sentada ao seu lado ou segurando-a nos braços. Fique com **Pachamama** da forma que lhe parecer mais apropriada. Seja receptiva, até se sentir preenchida e saciada por ela. Dê a ela de boa vontade o que ela pedir, com gratidão. Respire fundo e solte o ar bem devagar. Quando estiver pronta, abra os olhos. Saiba que você e **Pachamama** estão unidas. Seja bem-vinda!

Pele
DESPERTAR

Eu apareço, eu pulso, eu vibro
nunca fico quieta
sou a vibração perpétua
numa batida rítmica
o zumbido constante que você ouve
estou sempre em movimento
no caminho que desce às profundezas

com fogosa vitalidade
em lugares que você só pode sentir
Quando necessário
com erupções dramáticas, vigorosas, vulcânicas
eu a desperto
Com lava de fogo
eu digo "preste atenção"

Mitologia

Pele é a Deusa vulcânica do povo polinésio do Havaí. Segundo a lenda, ela aparece para o povo como uma bela e misteriosa jovem diante do seu vulcão em erupção, ou como uma velha curtida pelo tempo que acende o cigarro com um estalar de dedos. Embora suas sacerdotisas, as rainhas do Havaí, tenham se convertido ao cristianismo quando houve a erupção de Mauna Loa, em 1880, a princesa Keelikolani recitou os velhos encantamentos, fez oferendas de panos de seda e gotejou *brandy* sobre a lava ardente. Ao que parece, isso acalmou **Pele**.

Significado da carta

A aparição de **Pele** sinaliza a necessidade de despertar. Você tem andado quieta por demasiado tempo? Tem sido embalada no colo pela mesmice da sua vida? A realidade é viscosa demais para você agarrar? Prepare-se para despertar sua consciência e alcançar a consciência plena. Está na hora de ver as coisas como realmente são e começar a mudança para que as coisas possam ser como você deseja que sejam. É hora de acordar para o seu potencial e força, é hora de se mexer. Preste atenção a tudo o que a vida está lhe dizendo. **Pele** diz que quando você alimenta o despertar, sua vida fica mais criativa, em vez de reativa — uma posição infinitamente mais poderosa.

Sugestão de ritual: O vulcão

Reserve um horário em um lugar em que você não seja interrompida. Sente-se ou deite-se confortavelmente. Feche os olhos. Respire fundo e solte o ar deixando ir com ele tudo o que precisa ser liberado. Inspire profundamente outra vez e visualize um vulcão. Pode ser um vulcão que você conheça ou um vulcão que você inventou. Veja-o, sinta-o, perceba-o, cheire-o. Agora deixe que seu corpo se torne o vulcão. Qual é a sensação? Você se sente ligada ao âmago da Terra. Sinta o fogo, a energia derretida no cerne da Terra, vibrando, em movimento, zumbindo. A energia derretida começa a se movimentar e se expandir. Primeiro ela entra pelos seus pés. Sinta o calor do líquido. Então ela vai para as pernas, expandindo-se e irradiando energia, vitalidade e prazer. Depois passa para o seu tronco, onde se liga à coluna.

O calor se move lentamente, subindo pela coluna vertebral, líquido, como ouro derretido, acariciando, relaxando, energizando. A sensação é de extremo prazer. À medida que ele avança para o plexo solar (exatamente acima do umbigo), vai se espalhando para o resto do corpo, desce pelos braços, passa para as mãos e chega até a ponta dos dedos.

Agora ele começa a subir, distribuindo vitalidade por todo o seu corpo. Sobe pela coluna até o alto da cabeça, onde transborda pela pele, energizando e renovando, aquecendo e vitalizando. Você se sente consciente e desperta, centrada e relaxada, pronta para o que der e vier. Seja bem-vinda!

Rhiannon
DÚVIDA

Eu não tinha certeza
afinal, meu rosto estava sujo de sangue
todos os dedos apontavam para mim
poderia eu tê-lo assassinado
meu filho ainda criança
meu próprio filho
No meu sonho
fui acusada
e considerada culpada
e duvidei de mim
por sete longos anos
Fiz papel de cavalo para os hóspedes de meu marido Pwyll
carregando-os pela corte
levando-os de volta
e foram muitos os momentos em que duvidei de mim
eu e todos os outros seres humanos
porque eu era do Além
tudo era possível

Mitologia

A Deusa-cavalo galesa do Inferno — Rigatona, ou Grande Rainha — era o nome original de **Rhiannon**. Sua história foi reduzida a uma espécie de conto de fadas, e seu nome deixou de ser Grande Rainha. Embora não fosse humana, casou-se com Pwyll, um mortal, e deu-lhe um filho que desapareceu ao nascer. As donzelas que a atendiam esfregaram o sangue de um animal de estimação no rosto de **Rhiannon** e a acusaram de ter comido o filho. **Rhiannon** foi condenada a carregar todos os hóspedes do marido nas costas. Quando seu filho reapareceu, depois de sete anos, todos viveram felizes para sempre.

Significado da carta

Rhiannon entra a galope na sua vida para ensiná-la a lidar com a dúvida. Duvidar de alguém ou de alguma coisa quando seus instintos lhe dão sinais de alerta é saudável. Ficar todo o tempo duvidando de si mesma é negar-se, e isso não ajuda muito. O melhor modo de trabalhar com a dúvida é transformá-la em questionamento. Duvidar de si mesma não leva a nada. O questionamento traz respostas. Você está presa na dúvida e deixa o otimismo transformar-se em desespero, a confiança em pouca auto-estima, a vitalidade em preguiça e procrastinação? A dúvida se acrescenta aos seus medos e a impede de ser bem-sucedida? As dúvidas dos outros levam o barco dos seus sonhos ao naufrágio? Talvez, no que se refere ao mundo exterior, você precise exercitar um pouco mais de ceticismo, em vez de confiar cegamente. **Rhiannon** lhe diz para não permitir que a dúvida mine o seu eu sagrado. Questione-se em vez de duvidar, e obterá as respostas de que precisa para prosseguir no seu caminho rumo à totalidade.

Sugestão de ritual: A alquimia da dúvida

Reserve um horário e um lugar em que você não seja interrompida. Sente-se ou deite-se confortavelmente, com a coluna reta, e feche os olhos. Respire fundo e solte o ar lentamente. Inspire mais uma vez profundamente e solte toda a tensão e *stress* pelo nariz, como se você fosse uma baleia esguichando água. Respire fundo de novo e, enquanto solta o ar, visualize, sinta ou perceba uma árvore. Pode ser uma árvore que você já conhece ou uma que existe apenas na sua imaginação. Inspire profundamente e, ao soltar o ar, fique em pé diante da árvore. Estenda a mão e toque o tronco. Qual é a aparência das folhas? Agora faça seu corpo transformar-se em água e escorrer, entrando pela terra. Sinta-se sendo absorvida pelas raízes da sua árvore.

Agora você está descendo, descendo, descendo cada vez mais e mais fundo. Tudo parece ser seguro e confortável, quente e acolhedor à medida que você desce. Você fica mais e mais relaxada à medida que se aprofunda. Avista uma amazona galopando num cavalo branco. É **Rhiannon**, e você pede que ela pare. Ela pára, desce do cavalo e caminha na sua direção. Você diz a ela que precisa da sua ajuda para transformar suas dúvidas, e ela concorda em ajudá-la. Você fala sobre a primeira dúvida e ela traduz em forma de pergunta. Você responde. Depois faz o mesmo com a segunda dúvida e, assim por diante, até ter confiado a **Rhiannon** todas as suas dúvidas, até que ela as transformasse em perguntas para você responder. Você lhe agradece pela ajuda, e ela lhe pede um presente. Você oferece o presente a ela, de coração. Então **Rhiannon** monta em seu cavalo e sai a galope, enquanto você volta à raiz da árvore.

Adentrando a raiz, você sobe, sobe, sobe cada vez mais, sentindo-se confiante, segura e revigorada, equilibrada. Você chega ao tronco da árvore e salta por um ramo, caindo no chão em frente da árvore. Respire fundo e, ao soltar o ar, volte ao corpo. Inspire profundamente outra vez, e ao expirar, abra os olhos. Seja bem-vinda!

Sedna
VÍTIMA

Meus dedos foram decepados
bateram em mim
fui ferida
machucada
mentiram para mim
fui traída
fui abandonada
Meu sofrimento era imenso

mas lá embaixo nas profundezas
no coração do oceano
onde me deixaram para morrer
compreendi minha impotência
o modo como vivi minha vida
desamparada e com medo
sempre numa atitude passiva
em vez de ativa
e percebi o que fiz
À medida que a compreensão expandiu a minha consciência
peixes e mamíferos aquáticos
cresciam dos meus dedos cortados
Transformei-me num "velho prato de comida"
Aquela que sustentou sua gente
Não mais uma vítima

Mitologia

Os Inuit da América do Norte a chamam de **Sedna**, Deusa do mar. **Sedna** era uma bela mulher, bonita, mas não estava satisfeita com os muitos admiradores que a cortejavam. Enfeitiçada por uma gaivota que lhe prometeu muito alimento e servas, ela foi viver com o povo dos pássaros. Em vez de receber o prometido, **Sedna** foi forçada a viver no meio da sujeira e da miséria. Quando o pai veio visitá-la, ela implorou que ele a levasse de volta para casa através das águas. O povo dos pássaros perseguiu os dois e, para salvar a vida da filha, o pai de **Sedna** jogou-a no mar. Como ela tentasse subir outra vez ao barco, ele cortou-lhe os dedos, que se transformaram em peixes e mamíferos marinhos.

Significado da carta

Sedna entrou nadando na sua vida para dizer que você precisa parar de ser uma vítima. O caminho para a totalidade agora está em reconhecer como você foi apanhada e está vivendo o arquétipo da vítima, para depois mudar o padrão, fortalecendo-se. Você se surpreende perguntando: " Por que isso está acontecendo comigo?" Não fique presa ao "por quê". Encare de modo realista aquilo que você está criando, em seguida trabalhe para mudar isso. Você sente que as suas necessidades são insignificantes demais para negociar? Parece que todos querem tirar vantagem de você? O caminho para a totalidade está em reconhecer quando você está fazendo o papel de vítima e parar de fazer isso. **Sedna** diz que todos nós somos vitimizados por algo, por instituições patriarcais, pela discriminação baseada na raça, no sexo, nas preferências sexuais, na religião ou na cor. Ela a encoraja a reclamar o seu poder (ver **Lilith**: *Poder*, pp. 118-121). **Sedna** diz que você é preciosa e necessária demais na dança da vida para desperdiçar energia valiosa e tempo sendo uma vítima. Em vez de dissipar sua energia, crie o que você quer.

Sugestão de ritual: Dance sua vítima

Reserve um horário e um lugar em que você não seja interrompida. Ponha uma música dançante para tocar ou componha a sua própria música, com um tambor ou chocalho. Escolha um lugar bem espaçoso para poder se movimentar; se preferir, faça isso como uma visualização ativa.

Coloque a carta de **Sedna** onde ela possa ser testemunha da sua dança. Você pode até mesmo falar diretamente com ela e pedir-lhe que esteja presente. Respire fundo e relaxe. Quando estiver pronta, ligue a música e/ou toque seu chocalho ou tambor. Comece afirmando em voz alta : " Eu sou uma vítima." Continue afirmando isso várias vezes. Deixe que o canto a leve para onde você precisa ir. O seu canto deve levá-la a outras frases, gritos ou lamentos. Deixe vir à tona o que for necessário, deixe vir. Deixe que o corpo expresse os seus sentimentos por meio do movimento. Você pode fazer alguma coisa bem simples, como bater com os pés no chão com raiva ou ficar pulando. Não hesite em expressar tudo o que precisa ser expressado, e continue dançando, até terminar.

Agora entoe as palavras: "Eu sou forte", e acompanhe seu cântico com movimentos até sentir-se poderosa, forte e segura. Respire fundo e solte o ar lentamente. Agradeça a **Sedna** pela sua ajuda. Seja bem-vinda, mulher de poder!

Sekhmet
ÓDIO E RAIVA

Eu queimo e solto fogo
e arremesso dardos dos meus olhos
Eu estouro e rujo
(mesmo que você não tenha puxado a
minha cauda)
minhas arestas são afiadas
e eu corto fundo
minha energia é forte e fogosa
e meu desagrado
tem de ser manifestado
Embora algumas vezes eu seja gentil
posso ser muito emotiva
Uma vez provocada
sou difícil de descartar
Sou sempre adequada
sempre necessária

*Não tente livrar-se de mim
Preciso ser reconhecida e ouvida
Eu sou a raiva*

Mitologia

Sekhmet, a Deusa egípcia do Sol com cabeça de leão, é conhecida como o aspecto destrutivo do Sol. Prometendo destruir toda a humanidade num acesso de fúria, ela saiu para uma farra assassina, mas foi impedida graças à intervenção de Rá, o Deus supremo, que colocou grande quantidade de cerveja misturada com suco de romã no seu caminho. Pensando que fosse sangue humano, **Sekhmet** bebeu a mistura e ficou embriagada. Quando acordou, seu ódio havia passado. Nesta pintura, o vermelho significa a natureza acerba e latente de **Sekhmet**.

Significado da carta

Sekhmet salta para dentro da sua vida para ajudá-la a lidar com a raiva. A raiva, sua ou de outra pessoa, faz com que você se sinta mal? Você a teme porque lhe ensinaram que não é bonito ter raiva? Ou que expressá-la é feio? Você reprimiu ou desligou-se da raiva a tal ponto que agora está difícil expressá-la? Talvez você tenha passado da raiva para o ódio. Ódio é raiva acumulada, raiva fora do controle. Pode ser que você esteja em ebulição o tempo todo e não saiba como tirar a panela do fogo. **Sekhmet** diz que a raiva faz parte da nossa força como mulheres. Não desperdice a sua raiva. Aprenda a expressá-la de modo que ela possa ser ouvida. Aprenda a transformá-la de modo que ela a fortaleça e lhe dê energia. O caminho para a totalidade será mais vital quando você fizer da raiva a sua aliada.

Sugestão de ritual: Dance com Sekhmet

Reserve um horário e um lugar em que você não seja interrompida e possa fazer barulho. Você precisará de um tambor ou travesseiro, ou de um bastão bataka*. Você pode dançar ou ficar sentada, o que achar mais apropriado. Sente-se ou deite-se confortavelmente, com a coluna reta. Respire fundo e solte lentamente o ar, contando até oito. Respire fundo outra vez e sinta-se, visualize-se ou perceba-se numa praia. Pode ser uma praia conhecida ou imaginária. Inspire profunda e lentamente, sentindo o cheiro do mar, e, enquanto solta o ar, vá até lá. Sinta o sol quente na pele e a brisa fresca que vem do oceano. Chame **Sekhmet** e peça-lhe que esteja presente para testemunhar e ajudá-la a lidar com a sua raiva. **Sekhmet** aparece e se senta diante de você.

Pergunte a si mesma: "De que tenho raiva?", e ouça a resposta. (Pode ser uma raiva recente ou uma raiva há muito tempo reprimida.) **Sekhmet** diz para você buscar sua raiva de modo tranqüilo e assegura que, se você chamar, ela virá. Quando a encontrar, revivencie o incidente no qual sentiu raiva, enquanto repete: "Estou zangada." Diga também qual é o motivo da sua raiva. **Sekhmet** testemunha tudo e diz: "Eu ouvi; você está com raiva."

Em seu lugar seguro na praia, sentada ou em pé, continue repetindo: "Estou zangada." Se tiver um tambor, bata sua raiva nele. Se preferir bater num travesseiro ou usar um bastão bataka, deixe seu corpo sentir a raiva e expressá-la. Saiba que é seguro fazer isso, saiba que **Sekhmet** está testemunhando a sua raiva e gostando de você por isso, que a raiva é sua, e você tem o direito de senti-la. Pressione ainda mais fundo a raiva, até sentir que acabou ou até que ela se transforme em outra coisa.

---

* Bastão bataka é um bastão feito de espuma, usado para expressar a raiva e a fúria com segurança.

Quando terminar, respire fundo, inalando toda a energia que você criou e transformou. **Sekhmet** lhe diz como está contente por ter testemunhado e dado espaço para você expressar sua raiva. Você se sente energizada e revigorada, agradece a **Sekhmet**. Ela lhe pede um presente, que você dá de coração, e em seguida vai embora. Respire fundo outra vez e, enquanto solta o ar, abra os olhos. Seja bem-vinda!

Senhora das Feras
RELACIONAMENTO

*O que eu quero é a união
de um jeito agradável e apropriado
Começo a dança com o outro
sabendo que ela me levará
a todos os lugares que temo
a alguns lugares que amo
a muitos lugares que precisam de cura
Ouço com o coração
e comunico-me de um lugar de autoconhecimento
Conscientemente me entrego
e sei como me resgatar
Vejo-me refletida
tão perfeitamente no outro
que inicio minha jornada mais importante
para buscar e exigir
mais de que eu sou*

Mitologia

A Deusa representada pela **Senhora das Feras** era conhecida pelo povo da Suméria, de Creta e do vale do Indo (Índia). Seu nome é amplamente conhecido por causa do culto à sua escrita ancestral. Ela também era conhecida como a Creatrix Cósmica, a força criativa, fértil, doadora de vida. Seus animais especiais eram considerados manifestações sagradas da própria divindade. Ela aqui é representada como uma mulher grávida, cercada de animais prenhes, o que demonstra que ela é uma imagem muito forte da fertilidade. Normalmente ela aparece entronizada com um leão ao seu lado, indicando soberania e força.

Significado da carta

A **Senhora das Feras** caminha lenta e serenamente para dentro de sua vida, para dizer que é hora de você concentrar-se em relacionamentos que a apóiem e alimentem, com o filho em gestação, com o animal (ou animais) na sua vida, um amante, a família, amigos e ou colegas de trabalho. Relacionar-se com os outros possibilitará que você veja os aspectos de si mesma que normalmente não vê. Os relacionamentos são o espelho no qual você pode ver realmente quem é. A totalidade é alimentada quando você enxerga quem de fato é, aceita o que vê, e tenta curar o que precisa ser curado.

Você está mantendo um relacionamento que aperta todos os seus botões, traz à tona todas as suas questões, faz você se sentir como "uma mulher à beira de um ataque de nervos"? Se todos se comprometessem a fazer sua parte, se todos se dispusessem a aceitar os próprios aspectos, sua parcela de responsabilidade, isso poderia ser uma mina de ouro. Talvez você esteja mantendo um relacionamento ofensivo, que a magoa continuamente, sem fatores atenuantes, ou um relacionamento em que seu parceiro não está atento a essas questões.

Este poderia ser o momento de juntar suas forças, lamber as feridas e ir adiante. Talvez um pouco mais de comunicação ou aceitação possa ajudar essa relação. Se você deseja um relacionamento, este é o momento de abrir-se e comprometer-se. A **Senhora das Feras** diz que a dança do relacionamento é o método rápido para evoluir a consciência e o poder pessoal. Ela é alegre, dolorosa, frustrante, animadora, aniquilante, e vale completamente a pena.

Sugestão de ritual: Crie situações em que todos ganhem

Reserve um horário e um lugar em que você e seu parceiro, um membro da família ou amigo, possam estar juntos sem serem interrompidos. Se ninguém estiver disponível para fazer este ritual com você, ele pode ser feito como uma jornada solitária. Você precisará de algo que possa servir como "bastão ou pedra de falar".*

Todos devem ter clareza quanto às próprias necessidades de modo que possam expressá-las com precisão. Criar situações em que todos ganhem junta as partes para encontrar soluções que atendam a todos. Se houver alguma emoção em torno de uma necessidade ou se surgirem sentimentos durante o ritual, é preciso lidar com essas emoções e/ou sentimentos durante o ritual e alcançar uma situação em que todos saiam ganhando (ver **Deméter:** *Sentimentos/Emoções*, pp. 66-69).

Para criar um espaço sagrado, você pode celebrar um ritual completo chamando os elementos/pontos cardeais, queimando incenso, convidando seus animais-guias, a Deusa e Deus e/ou outros guias espirituais; ou pode ainda invocar o espírito da cooperação e da perfei-

---

* Um objeto que é segurado por uma pessoa de cada vez, indicando que apenas ela tem a prerrogativa de falar. Todos os presentes devem ouvir de modo respeitoso até a pessoa terminar de falar. Então ela passa o "bastão" para a pessoa seguinte e assim por diante, até todos terem a chance de se expressar e ser ouvidos.

ção. Depende de você. Lembre-se de fazer apenas o que for apropriado e respeitoso para todos.

Assim que o espaço sagrado tiver sido criado, é hora de passar o "bastão de falar". Cada pessoa expõe suas necessidades; então vocês chegam a um acordo. Por exemplo: você quer ir patinar às quintas-feiras à noite e precisa que seu marido tome conta das crianças. Ele quer ir aos encontros no clube científico às terças-feiras à noite e quer que você fique com as crianças. Você concorda em ficar nas noites de terça se ele ficar às quintas. Essa é uma situação em que todos ganham.

Pode haver situações em que você tenta negociar mais e, possivelmente, tenha de assumir algum compromisso, de modo a serem atendidas as necessidades de todos. É realmente importante concordar com algum compromisso proposto. Só você pode decidir se deve comprometer-se, e em alguns casos talvez não possa fazer concessões. Nem todas as situações, porém, se resolvem assim. Há ocasiões em que você cede, em que outra pessoa cede, e em que todos têm de ceder. Relacionamentos são um ato de equilíbrio. Quanto mais você se empenhar em criar situações em que todos ganham, mais freqüentemente terá sucesso.

Shakti
ENERGIA

> *Sou a fonte definitiva*
> *que dança através de todas as formas*
> *Sou a força animadora*
> *que vibra para o mundo existir*
> *Eu ativo*
> *fortaleço*
> *potencializo*
> *Deixe-me preenchê-la*

com êxtase cósmico
Deixe-me religá-la
recarregá-la
renová-la
Eu sou o néctar do mel da doce bem-aventurança
que serpenteia pela sua coluna
ligando todos os seus chakras
numa grande orgia orgásmica
de poder
e vitalidade
ENERGIA!

Mitologia

Na Índia hindu, **Shakti**, a Deusa, é ativa, poderosa, vital — a força animadora do universo. O masculino é a força passiva, inerte, adormecida. Cada **Shakti** tem seu Deus ao qual se une no ato sexual. Sem união, nenhum dos dois pode fazer nada. Para os místicos tântricos, a união definitiva com **Shakti** acontece no momento da morte. **Shakti**, representada aqui sentada dentro do ovo luminoso do mundo, é protegida pela serpente kundalini, a emanação da sua própria energia divina.

Significado da carta

Shakti explode na sua vida para energizá-la e revitalizá-la. O caminho da totalidade para você agora está em aprender a trabalhar com **Shakti**: a divina, cósmica, orgásmica energia da Deusa. Você anda se sentindo cansada? A vida a deixa aborrecida, com todas as suas exigências? Você fica distribuindo sua energia e vitalidade, sem repor, sem recarregar, revitalizar? Talvez haja algo que você queira manifestar mas sente que não tem energia para fazê-lo. **Shakti** diz que existe energia em abundância disponível para você. Tudo o que você tem de fazer é aprender como ligar-se a ela.

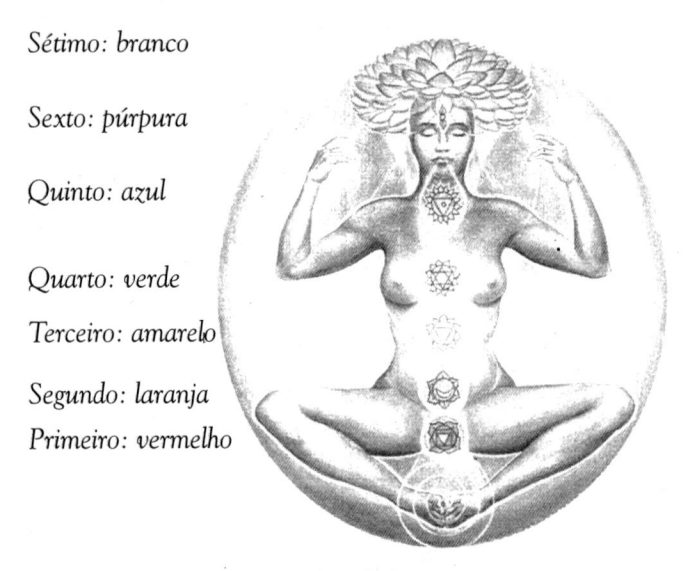

Sétimo: branco

Sexto: púrpura

Quinto: azul

Quarto: verde
Terceiro: amarelo
Segundo: laranja
Primeiro: vermelho

<u>Diagrama dos chakras</u>

Sugestão de ritual: Orgasmo cósmico do chakra *

Reserve um horário e um lugar em que você não seja interrompida. Sente-se ou deite-se confortavelmente, com a coluna reta. Feche os olhos. Respire fundo e, quando soltar o ar, bem devagar, sinta que está tirando todo o *stress* e a tensão pela cabeça, como se fosse uma roupa apertada. Jogue-os fora, bem longe de você.

---

* Chakras são centros de energia. Existem sete chakras localizados no corpo.

Continue a respirar relaxadamente. Visualize, sinta ou perceba a energia vibrando no âmago da Terra. Imagine um tubo comprido saindo de sua vulva e estendendo-se para dentro da Terra. Quando você respira, abre as válvulas do tubo e a energia da Terra sobe pulsando. Atraia essa energia para o seu primeiro chakra. Quando alcança o primeiro chakra, a energia explode na cor vermelha, e o chakra fica repleto de energia vermelha rodopiante. Detenha-se um momento para experimentar os sentimentos e sensações que vêm à tona enquanto o primeiro chakra é preenchido com energia vital vermelha. Uma sensação pode ser a de que você está sentada num tubo de fluxo contínuo de energia vermelha que fica pulsando no primeiro chakra.

Quando estiver pronta, atraia a energia vermelha do primeiro para o segundo chakra, onde fica o útero. Aí a energia explode, preenchendo o segundo chakra com vibrante energia laranja. Experimente a deliciosa sensação de ter esses dois chakras cheios de energia revitalizante.

Agora, atraia a energia vermelha do primeiro chakra para o segundo, de cor laranja, e suba para o terceiro chakra, que fica no plexo solar. Quando chega ao plexo solar, a energia explode na cor amarela, e o terceiro chakra fica pulsando com energia elétrica amarela. Dê a si mesmo um tempo para aproveitar o fato de ter três chakras cheios de energia revigorante.

Agora sinta a energia fluindo e subindo através de cada chakra até chegar ao quarto, que fica no centro do peito, mais ou menos onde fica o coração. Quando chega ao quarto chakra, a energia explode na cor verde-esmeralda, e o chakra é preenchido com energia vibrante verde-esmeralda. Saboreie a agradável sensação de ter quatro chakras plenos de energia vital.

Sinta, perceba ou visualize a energia movendo-se através de você em direção ao quinto chakra, que fica na garganta. A energia alcança a garganta e preenche o quinto chakra com energia elétrica azul. Sinta o prazer de ter cinco chakras repletos de energia.

A energia filtra-se através de você até atingir o sexto chakra, que fica entre as sobrancelhas ou "terceiro olho", onde ela explode na cor púrpura. Sinta a energia pulsando nos seis chakras.

Lentamente, a energia sobe através de todos os chakras, crescendo em intensidade desde o primeiro, segundo, terceiro, quarto, quinto, sexto chakra até chegar ao sétimo, que fica na coroa da cabeça, e então explode numa luz branca iridiscente. Você se sente vigorosamente carregada de energia. Todos os seus chakras estão estalando e vibrando com uma prazerosa, deliciosa energia. Fique com essa sensação pelo tempo que desejar, embebendo todas as suas células nesse bem-estar.

Agora visualize, sinta ou perceba a energia do universo. Ela é quente e fogosa, como o Sol? Ou é prateada, fria, como os raios de luar? Ou silenciosa e imensa, como a expansividade do espaço? Respire fundo e atraia essa energia para o sétimo chakra, ou chakra da coroa. Sinta a energia da Terra e a energia cósmica fazendo amor no chakra da coroa, preenchendo-o com o deleite da união.

Deixe que a delicadeza da energia cósmica flua no sexto chakra, suavemente, preenchendo e acariciando, penetrando e fundindo-se com a energia da Terra, até você sentir o sexto chakra explodir com a união da Terra e do cosmos.

Agora, a energia que vem do cosmos se move lenta e docemente para o quinto chakra, onde se une à energia da Terra. A energia cósmica segue então para o quarto chakra, ou chakra do coração, e ali se une à energia da Terra, de cor verde-esmeralda, até que ambas explodem na paixão de sua união e você sente a bem-aventurança. A energia cósmica agora é atraída para o terceiro chakra e se une à energia da Terra, e juntas as energias formam redemoinhos, girando, rodopiando, fazendo sua dança de amor, e você sente o êxtase. A energia cósmica é então atraída para o segundo chakra. Ela encontra a energia da Terra, e ambas fazem amor até você tremer de prazer. Quando a energia cósmica adentra o primeiro chakra e se une à energia da Terra, há uma explosão orgásmica. Você se sente extática. Todos os seus chakras experimentam o orgasmo cósmico, e você se sente energizada, relaxada, e totalmente revigorada.

Quando se sentir plena, será o momento de cobrir os chakras. Comece com o sétimo: imagine uma capa ou tampa sendo colocada sobre o chakra para manter a energia dentro de você. Depois de cobrir o sétimo chakra, cubra o sexto, depois o quinto, o quarto, o terceiro, o segundo e o primeiro. Respire fundo e abra os olhos. Seja bem-vinda!

Sheila Na Gig
ABERTURA

Eu ilumino a minha vulva para todos verem
Eu a abro bem
o portal por onde tudo passa
a passagem para a vida
Eu digo: entre pelo meu portal
abra-se ao que existe
Se você tem algo importante
mostre
para que todos possam ver
Eu sou a abertura para este mundo
o sagrado e o absurdo
o selvagem e o bárbaro
o audaz e o impudente
Eu sou a bruxa
aberta por tantas voltas
destruída
isolada
trespassada
Eu sou o portal para a Vida
e digo
Abra-o!

Mitologia

Antiga Deusa do nascimento e da morte, a figura risonha de **Sheila Na Gig**, com as duas mãos segurando aberta a sua *yoni*, adornava muitos portais de igreja até ser derrubada e destruída pelos ofendidos. Os celtas reverenciavam o poder sagrado dos órgãos genitais femininos e usavam esculturas que os representavam para proteção. **Sheila Na Gig** é retratada aqui como uma bruxa (mulher sábia) em toda a sua glória: caixa torácica de esqueleto, seios secos e caídos, com alguns dentes remanescentes e pouco cabelo, mas vibrante e desafiadora na beleza da sua idade. Essa beleza é direito de toda mulher, que deve reclamá-la. Ela desafia você a olhar para ela, enfrentar o medo de ficar velha e triunfar em sua celebração do que ficará velho e morrerá.

Significado da carta

Sheila Na Gig ri provocantemente para você e a convida a juntar-se a ela na abertura. Está na hora de abrir-se a novas experiências, pessoas, lugares e coisas. É hora de começar novos projetos, forjar novas direções, aventurar-se corajosamente. O universo convida você a sair e brincar. Talvez você tenha precisado limitar sua energia para lidar com um ferimento, um luto, um final, ou então não tem sentido segurança para abrir-se. Talvez tenha precisado de um tempo de recolhimento, harmonização, concentração no seu íntimo. **Sheila Na Gig** está aqui para lembrá-la de que um período de contração é seguido pela expansão e pela abertura. É hora de alimentar a totalidade integrando o que a distensão, a expansão e a abertura trarão.

Sugestão de ritual: Crie abertura

Reserve um horário e um lugar em que você não seja interrompida. Sente-se ou deite-se, com a coluna reta. Feche os olhos. Respire fundo e solte o ar fazendo um som qualquer. Inspire outra vez e solte lentamente o ar com mais som. Deixe sair tudo nesse som, tudo o que você não precisa mais carregar. Começando pelos dedos dos pés, sinta ou visualize seu corpo lentamente transformando-se num verde profundamente relaxante, a própria cor da Mãe Terra. Toda vez que inspira você inala o verde, e quando você solta o ar, o verde permeia e estimula seu corpo, até você ficar profundamente relaxada e completamente verde.

Agora visualize, sinta ou perceba um portal à sua frente. Ele é ornado com uma porta de ouro maciço ou com uma simples mas elegante porta de madeira? É largo ou estreito, alto ou baixo? Deixe que o portal satisfaça suas necessidades. Quando tiver terminado de criar "o portal dos seus sonhos", fique diante dele e admire o seu trabalho.

Atrás do portal que você acabou de criar fica o Além. No Além há algo que você precisa ver e/ou vivenciar exatamente agora. Quando sentir que está pronta, abra a porta e dirija-se para lá. Sinta-se realmente aberta enquanto abre a porta. Quando terminar de ver o que precisa ver e/ou vivenciar no Além, volte por onde entrou e feche a porta.

Olhe para o seu corpo e pergunte a si mesma: "Onde eu preciso me abrir?" Em seguida, visualize, crie, sinta e/ou perceba um portal em si mesma. Abra a porta e deixe entrar o que for preciso. Seu coração precisa abrir-se ao amor? Seus pulmões precisam abrir-se ao perdão? Quando sentir que obteve aquilo de que precisava, feche a porta.

Sinta, vivencie ou visualize o seu corpo ficando verde outra vez. Respire fundo e, ao soltar o ar, deixe o verde sair pela cabeça. Inspire profundamente outra vez e, quando soltar o ar, deixe o verde sair pelos ombros, peito e braços. Continue inspirando e expirando até todo o verde ter desaparecido e você sentir-se inteiramente presente e revigorada, relaxada e energizada. Seja bem-vinda!

Sofia
SABEDORIA

Desde o momento em que você começa a viver
até a hora de entregar-se à morte
tudo o que você experimenta
diretamente para si mesma
todos os dedos queimados
para descobrir que o fogo é quente
todos os fracassos
quando seu desígnio ultrapassa a sua compreensão
todas as explorações
de territórios conhecidos e desconhecidos
tudo isso são caminhos para mim
Procure saber
e você será eu
Esforce-se para transformar-se
e você será eu
O Feminino busca a sabedoria
O Feminino faz parte de todas as mulheres
todas as mulheres são a Deusa
todas as mulheres são sabedoria
todas as mulheres são Sofia

Mitologia

Sofia em grego, *hohkm*a em hebraico, *sapientia* em latim, tudo significa sabedoria. A alma feminina dos deuses judeu-cristãos, fonte de seu verdadeiro poder, é **Sofia**. Como Deusa da sabedoria, ela tem muitas faces: Deusa Negra, Feminino Divino, Mãe de Deus. Para os gnósticos cristãos, **Sofia** era a Mãe da Criação: seu marido e ajudante era Jeová; seu santuário sagrado, *Magia Sophia*, em Istambul, é uma das sete maravilhas do mundo. O seu símbolo, a pomba, representa o espírito; ela é cercada pelas estrelas, um ícone do centro leste para indicar a sua divindade absoluta.

Significado da carta

Sofia grávida lhe oferece sua taça de sabedoria. Está na hora de ligar-se à sua profunda e enriquecedora sabedoria, é hora de silêncio e introspecção; é hora de ouvir o que precisa ser ouvido. Talvez você esteja numa situação que requer orientação. Talvez se veja repetidas vezes em situações semelhantes. Quando se dedica a ouvir a sua própria **Sofia** interior, você consegue alcançar aquilo de que precisa.

Sugestão de ritual: Ligue-se à Sofia interior

Reserve um horário e um lugar em que você não seja interrompida. Sente-se ou deite-se confortavelmente, com a coluna reta, e feche os olhos. Respire fundo e solte o ar pela sola dos pés. Inspire outra vez e, enquanto solta o ar, sinta toda a tensão sendo suavemente puxada para fora do seu corpo, como um longo fio, pela sola dos pés. Respire fundo mais uma vez e, ao soltar o ar, relaxe completamente. Sinta o bem-estar espalhando-se como uma sensação de calor cor-de-rosa por todo o corpo.

Agora, encontre o lugar dentro de você onde mora **Sofia**. Ela vive no alto de uma montanha? Num castelo nas profundezas do mar? Numa caverna? Numa árvore? Num deserto? Ela vive no seu coração? No útero? Na cabeça? Assim que tiver uma imagem, sensação ou sentimento de onde ela está, vá ao seu encontro. Qual é o perfume do lugar onde mora **Sofia** — como são as texturas, as plantas, a vida selvagem? Agora que você se familiarizou com o ambiente de **Sofia**, está pronta para encontrá-la, e ela aparece diante de você.

Você pergunta a **Sofia** o que precisa saber. Ela responde e você agradece. Ela lhe pede um presente, que você dá com prazer. Ela lhe diz que você pode consultá-la sempre que quiser, pois ela está sempre lá, dentro de você. Você é sempre bem-vinda. Ela a abraça e dá um beijo em sua testa, que se arrepia de prazer, enquanto você respira fundo e abre os olhos. Seja bem-vinda!

Sulis
DOENÇA / SAÚDE

É tudo a mesma coisa
estar doente
estar bem
Tudo é energia
energia em constante movimento
energia em fluxo constante
energia constante que nunca pára
energia incansável que atua como um rolo compressor
energia ilimitada que traz possibilidades
energia brilhante que agrada e canta
energia acumulada que espera por liberação
As águas da cura no meu santuário

regeneraram
revitalizaram
trouxeram clareza
fecharam buracos
abriram a visão
permitiram o fluxo
Com a energia que flui
a dança da vida abrange
a doença e a saúde
tudo a mesma coisa
tudo energia
tudo fluxo

Mitologia

A antiga deusa britânica **Sulis** pode ser invocada ou visitada em seu spa-santuário em Bath, para saúde e cura. Dizem que suas águas são milagrosas e têm a capacidade de curar. **Sulis** é a palavra celta para "Sol" e "olho", e **Sulis** é considerada uma deusa solar. Representada aqui nadando em suas águas curativas rumo à luz do Sol, ela representa as profundezas em que todas as pessoas têm de mergulhar na jornada para a luz, a saúde e o bem-estar.

Significado da carta

Sulis veio para dizer que está na hora de você participar da dança da doença e da saúde. É hora de você reservar um tempo para si mesma e alimentar a sua energia. É hora de desapegar-se de tudo e estabelecer as suas prioridades. É hora de pedir aquilo de que você precisa e deixar que isso entre na sua vida. Dê a si mesmo o direito de buscar ajuda e apoio para o seu processo de cura. A doença é o corpo pedindo que você descanse, saia ou apenas viva com simplicidade. A doença é um modo de ficar frente a frente com o que não está mais funcionando e uma oportunidade para mudar isso. Você tem ignorado os próprios pedidos por mais tempo, mais espaço, mais atenção? Talvez você tenha estado ocupada demais atendendo às necessidades das outras pessoas, deixando as suas por último. Talvez a doença seja o único modo de sair de uma situação confusa ou dolorosa. Você sente alguma resistência a estar na dança da doença/saúde? Alguma culpa? Independentemente do que a fez participar dessa dança, você agora está aqui e precisa deixar de lado tudo que não alimenta nem apóia sua cura. Agora, o caminho para a totalidade está em reconhecer as próprias necessidades e colocá-las em primeiro lugar, alimentando sua energia e vitalidade. **Sulis** diz que o modo como você lida com sua energia pode significar a diferença entre a doença e a saúde. A doença é o momento de voltar o fluxo energético para dentro, a saúde é o momento de concentrar a energia no exterior.

Sugestão de ritual: Relembre e reconstrua o fogo interior

Reserve um horário e um lugar em que você não seja interrompida. Sente-se ou deite-se confortavelmente, com a coluna reta, e feche os olhos. Respire fundo e solte o ar pronunciando "hum". Inspire profundamente outra vez e solte o ar pronunciando "shhhhh". Respire fundo mais uma vez e, enquanto solta o ar, visualize uma árvore. Pode ser uma árvore que você já conhece bem ou uma árvore imaginária. Respire profundamente e fique diante dela. Sinta o tronco. Sinta o aroma da árvore. Quanto mais você conseguir trazer seus sentidos para esta jornada, mais profunda será a sua experiência.

Há uma grande abertura no tronco da árvore. Você entra por ela e desce, desce, desce cada vez mais. A raiz da árvore é confortável e quente, e você se sente gostosamente relaxada. Continue descendo, descendo cada vez mais para o fundo, até ver uma luz tênue no final.

Há muitas plantas ao longo do caminho de pedras brilhantes e coloridas, e você se sente atraída por uma delas. Então você pára e pergunta à planta o seu nome. Ela diz que é uma aliada e vai ajudá-la em sua dança da doença/saúde. Você agradece à planta e continua andando pelo caminho de pedras.

O caminho leva até um grande templo, o Templo de Cura Atlante. Você entra. No centro há uma grande placa curativa de esmeralda, e você se deita nela e a pedra se ajusta às formas e à temperatura do seu corpo. E é muito confortável.

Sulis aparece e diz que está aqui para ajudá-la. Ela diz que o corpo é feito de fibras energéticas e que você gastou energia demais com as pessoas, situações, formas-pensamento ultrapassadas que já não servem mais. Agora é hora de resgatar essas energias que estão solapando sua vitalidade e impedindo que você se sinta bem.

À medida que ouve o que **Sulis** diz, você sente as fibras energéticas do seu corpo como cordões individuais de cor laranja saindo do seu útero para o mundo. Sente o peso deles puxando com força, como uma pipa no vento. Quando você pega um cordão de energia e o puxa para dentro, sua vitalidade começa a aumentar. Você sente que está reabsorvendo a energia que esteve desperdiçando. Continue a fazer isso até que todas as fibras energéticas estejam de volta e você tenha reabsorvido toda a sua energia, ou até sentir que basta. Ao terminar, você e **Sulis** saem do Templo de Cura Atlante, caminhando outra vez pelo caminho de pedras, que agora vibra sob seus pés.

Sulis pega a sua mão, e no mesmo instante você é transportada para o santuário em Bath, na Inglaterra. Lentamente, ela a leva até as águas curativas e deixa você banhando-se nelas enquanto ela continua mergulhando até fundir-se com a água. Interiorize o calor profundamente curativo, o amor de **Sulis** por você. À medida que você absorve a cura das águas, suas fibras energéticas começam a formigar e a brilhar num laranja intenso. Fique na água pelo tempo que quiser, e então saia, sentindo-se revigorada, recarregada e revitalizada.

Volte pelo caminho de pedras até a raiz da árvore. Entre na raiz e comece a subir, subir, subir, atravessando o calor e o conforto da raiz. Subindo, subindo, subindo, sentindo-se relaxada e forte, desperta, viva, inteira. Você sai da árvore, respirando fundo e, soltando o ar lentamente, volta ao corpo. Respire fundo outra vez e, quando soltar o ar, se estiver pronta, abra os olhos. Seja bem-vinda!

Tara
CENTRALIZAÇÃO

Sento-me com a atenção concentrada na respiração
respirando e expirando
inalando e exalando
interiorizando e deixando sair
a dança da criação
a dança do universo
a dança da vida
Sento-me no silêncio
em concentrada percepção
inspirando e expirando
como o oceano que é vida
e agita e pulsa ao meu redor
como oceanos de encarnações
giram e rodopiam através de mim
ao meu lado
à minha volta
Meus olhos vêem tudo
conhecem tudo
e observam
enquanto eu respiro
Quieta Concentrada Consciente Atenta

Mitologia

Tara, que surgiu na Índia e cujo nome significa "estrela", é uma das principais Deusas do panteão tibetano. É conhecida por ajudar aqueles que chamam por ela em tempos tumultuados e de necessidade, para seguir por um caminho mais claro, para encontrar o silêncio e a força interiores. Ela também é a Deusa do autocontrole e do misticismo. Da primeira lágrima de compaixão formou-se um lago. No meio desse lago surgiu um lótus. Quando ele floresceu, **Tara** emergiu. Embora lhe fosse oferecido reencarnar em forma masculina, ela jurou sempre reencarnar como mulher.

Significado da carta

Tara está aqui para lembrá-la de concentrar-se. É hora de alimentar a totalidade interiorizando-se e fortalecendo o seu centro por meio da concentração da percepção. Deixe o torvelinho da vida prosseguir sem você. É difícil ouvir a própria voz em meio ao frenesi da vida. Vá para o silêncio, para a tranqüilidade. Quando voltar, você estará mais forte, e será mais capaz de dançar com o que a vida lhe oferece.

Sugestão de ritual: Encontre Tara por meio da respiração

Reserve um horário e um lugar em que você não seja interrompida. Sente-se ou deite-se confortavelmente, com a coluna reta, e feche os olhos. Respire fundo e desapegue-se de tudo. Sacuda o corpo. Concentre a sua atenção no útero. Como ele lhe parece? Você está ovulando ou sangrando? Está na fase pré-menstrual? Na pós-menopausa? Observe a sensação em seu útero. Agora respire profundamente para o útero, o seu centro. Retenha a respiração ali. Concentre-se nessa sensação. Como é? Quando estiver pronta, solte o ar a partir do útero. Sinta-o saindo através da vagina, passando pelos lábios vaginais.

Agora você está pronta para começar uma série de respira-prende-solta, tudo a partir do útero, o centro do seu ser. Feche os olhos. Respire para o útero contando até seis. Sinta-se consciente, atenta e viva. Retenha o ar no útero contando até seis enquanto sente as ocupações da vida afastando-se do seu centro calmo, concentrado. Em seguida, solte o ar a partir do útero contando até seis, desapegando-se de tudo o que não tem mais utilidade para você. Faça isso durante no mínimo cinco minutos. Se quiser, pode aumentar o tempo. Quando achar que contar até seis está fácil demais, aumente para oito e assim por diante.

Visualize plenamente a sensação de estar centrada e concentrada antes de retomar a dança da vida. Saiba que você está sempre a apenas uma respiração de distância da centralização.

Uzume
RISO

Diante da Caverna Rochosa do Céu
onde Amaterasu Omi Kami, a Deusa do Sol
escondeu seu rosto radiante
onde todos os Deuses e Deusas reunidos tentaram
atraí-la para fora
e falharam
eu subi à Caverna
com a maior seriedade
com grave determinação
com dignidade própria e semblante altivo

e com grande impacto
levantei meu quimono mostrando-me de um jeito
que deixou os mais exaltados boquiabertos
babando
Então brinquei de fantoche com meus lábios vaginais
e dei a mim mesma um pequeno serviço labial
joguei meu seio sobre um ombro
e o outro sobre o outro ombro
e caí sentada no chão
com grande impacto
em meio às explosões de riso e divertimento
do respeitável público
Com meus seios amarrados num nó
e as pernas abertas como um capacho de boas-vindas
invoquei os Espíritos
e ofereci meu corpo a eles
mas eles se recusaram a aceitar
A multidão uivava e ria enquanto eu continuava a dançar a minha dança
até que Amaterasu Omi Kami não agüentou mais
e correu para ver o que estava acontecendo
E assim o riso
tirou a Deusa do Sol de sua caverna escura
e trouxe a luz e o calor de volta para o mundo

Mitologia

Uzume, antiga deusa xamã japonesa, tem o crédito de ser a única a instigar a Deusa do Sol, **Amaterasu Omi Kami**, atraindo-a para fora da caverna onde ela havia se escondido. **Uzume** executou uma dança obscena ridicularizando o ritual xamânico. Ela mostrou os seios, brincou com seus órgãos genitais, em meio aos uivos e ao riso das divindades reunidas. A agitação que provocou foi tão ruidosa e estimulante que a curiosidade de **Amaterasu** levou a melhor, e ela saiu da caverna.

Significado da carta

Uzume começa sua dança cômica na sua vida para dizer que está na hora de alimentar a totalidade com o riso. O riso faz relaxar, ajuda-a a ter uma perspectiva dos fatos, ajuda em horas de dificuldade. Você tem levado a vida demasiado a sério? Quando foi a última vez que deu uma boa risada? Você é capaz de rir de si mesma com delicadeza? Talvez a vida a esteja desafiando com sua ferocidade a ponto de você achar difícil ver humor na sua situação atual. **Uzume** diz que a totalidade é alcançada quando você decide-se a rir e a enxergar o humor em todos os desafios da vida.

Sugestão de ritual: Jornada até Uzume

Reserve um horário e um lugar em que você não seja interrompida. Sente-se ou deite-se confortavelmente, com a coluna reta, e feche os olhos. Respire fundo e solte o ar emitindo um "ha, ha, ha". Respire fundo outra vez e encolha os ombros três vezes enquanto solta o ar. Inspire profundamente mais uma vez e solte o ar dizendo "ha, ha, ha" enquanto encolhe os ombros para cima e para baixo, como se estivesse dando uma boa gargalhada. Inspire profundamente outra vez e, ao soltar o ar, visualize, sinta ou perceba a Caverna Rochosa do Céu. Inspire novamente, ao soltar o ar, visualize-se dentro da caverna. Entre. Lá dentro é quente e agradável. Um pequeno sol dançante aparece diante de você para iluminar seu caminho em meio à escuridão da caverna. Você segue o sol dançante, apreciando a brincadeira, ficando mais relaxada e à vontade. O sol leva você até a luz no fim da caverna, por onde você entra no Inferno. Lá você encontra **Uzume**, que lhe dá calorosas boas-vindas, com um grande sorriso. Ela pega você pela mão e a leva para um palco na frente do qual há algumas almofadas.

Ela se senta nas almofadas e, com um gesto, a convida a fazer o mesmo. Ela pergunta o que você quer. Você diz que precisa de ajuda para perceber a graça, a comédia numa determinada situação de sua vida. Ela concorda em ajudá-la. Enquanto você conta a ela os detalhes, a situação toda é representada na sua frente, no palco. Assim que você termina o relato, ela bate palmas duas vezes, e toda a cena é representada outra vez como uma comédia completa, com palhaços e seus comediantes prediletos. É muito engraçado, e você se surpreende rindo e sentindo-se leve e despreocupada. Quando a cena termina, **Uzume** bate palmas e a cena desaparece. Você agradece a **Uzume**, e ela lhe pede um presente, que você dá de coração. Ela a acompanha até a entrada da caverna, onde você encontra o sol dançante. Você dança com o sol no seu caminho de volta através da caverna, sentindo-se energizada, revigorada, revitalizada e leve como o ar. Na entrada da caverna, você respira fundo e volta ao corpo. Respire fundo outra vez e, quando estiver pronta, abra os olhos. Seja bem-vinda!

Vila
MUDANÇA DE FORMA

Danço de forma em forma
Mudo de formato em formato
sempre mudando
sempre me expandindo
sempre me transformando
Sou a flexibilidade
ao mudar de forma

Fluo livremente com tudo o que vem
ao meu caminho
Sou a consciência
ao mudar a minha forma
ganho uma percepção ampliada do que deve ser
Valso um remoinho
tango uma árvore
salso um cisne
ou um simples foxtrote
Minha dança tem afinidade com tudo
pois sou capaz de ser tudo para conhecer Tudo
Ser Tudo dissolve a forma
Conhecer Tudo cria Unidade
A ilusão é pensar que temos uma forma separada

Mitologia

Vila é o nome europeu oriental para a Deusa da energia que se movimenta pela terra como a natureza. As **Vily** (plural) protegem muito bem o seu território e usam suas setas mortais naqueles que o invadem. Elas são mutantes perfeitas, capazes de transformar-se em animais como serpentes, cisnes, falcões e cavalos. Gostam de brincar e de dançar. Se forem invocadas na floresta numa noite de luar, podem conceder saúde, riqueza e colheitas abundantes, ou então, se forem desrespeitadas, podem fazer o ofensor dançar até a morte.

Significado da carta

Vila entrou dançando na sua vida em suas muitas formas para ensiná-la a alimentar a totalidade aprendendo a mudar de forma. Você ficou tempo demais numa única forma? Está se sentindo rígida e estagnada, perdendo a flexibilidade no modo de pensar e de ser? Ou talvez sinta que o ser humano é o ser mais importante da Criação — e que as rochas, as árvores, os animais, a terra, etc., são formas menores. Está na hora de ampliar a percepção, de acentuar a flexibilidade ao ganhar a perspectiva de outras formas. **Vila** diz que o caminho para a totalidade está em conhecer a Criação como um todo.

Sugestão de ritual: Assuma a forma dos elementos

Reserve um horário e um lugar em que você não seja interrompida. Fique em pé, sente-se ou deite-se confortavelmente, com a coluna reta, e feche os olhos. Respire fundo e solte lentamente o ar, deixando que tudo saia junto com ele. Respire fundo para o útero através da vagina. Sinta o ar encher o útero e depois sair pela vagina. Continue respirando para o útero.

Fique de frente para o leste e visualize, sinta o elemento ar na forma que escolher: uma brisa quente de verão, um dia de ventania em março. Quando tiver uma sensação nítida do ar, respire para o útero até que ele seja o ar. Deixe o ar espalhar-se por todo o seu corpo, de modo que ele se dissolva e você seja o ar. Sinta essa unidade com o ar até estar pronta para continuar. Agora deixe essa sensação do ar voltar ao útero e depois abandonar completamente o seu corpo.

De frente para o sul, crie uma sensação forte, uma imagem visual ou um sentimento do fogo. É uma fogueira ou uma vela tremeluzente? É um incêndio na floresta ou o fogo na lareira? Concentre-se na imagem, depois leve-a até o útero de forma que ele seja o fogo. Deixe o fogo expandir-se gradativamente pelo seu corpo de modo que você se dissolva nele. Viva a experiência de ser o fogo até chegar a hora de voltar. Faça o fogo voltar para o útero e ficar ali. Depois deixe que se apague de vez.

De frente para o oeste e diante do elemento água, sinta, visualize ou perceba uma torrente, um lago claro e tranqüilo, a imensidão e o poder do oceano ou um copo de água, e concentre-se nisso. Respire o que você visualizou para o útero até que ele seja a água. Deixe a água espalhar-se pelo resto do seu corpo, de modo que ele se dissolva e você seja a água. Saboreie a experiência de ser a água até sentir que é hora de voltar. Gradativamente, deixe a água baixar até restar apenas no útero, depois libere-a totalmente.

Fique de frente para o norte e para o elemento terra. Escolha a imagem, sensação ou percepção da terra que for mais adequada para você — as montanhas, a floresta, o deserto — e concentre-se nela. Respire essa imagem para o útero até que ele seja uma coisa só com a terra. Deixe a terra se espalhar através do seu corpo, de modo que ele se dissolva e você seja a terra. Desfrute essa experiência até estar pronta para voltar. Aos poucos, faça a terra retroceder até ficar apenas no útero e depois libere-a completamente. Respire fundo e abra os olhos. Seja bem-vinda de volta à forma humana!

Sibila

Sibila é o nome dado às mais célebres profetisas da antiga Pérsia, Líbia, Delfos, Samos, Ciméria, Eritréia, Tíbure, Marpesso, Frígia e Cumar. Sentada sobre os vapores insalubres de uma fenda da terra ou profundamente mergulhada no silêncio e na reclusão de sua caverna, **Sibila** devia dizer suas profecias em transe ou escrevê-las em folhas que depois eram dispersas pelo vento se ninguém viesse recolhê-las. Embora muitas vezes fosse esotérica e precisasse de uma interpretação mais profunda para ser entendida, a **Sibila** com o dom da profecia ligava o seu povo ao Divino.

*Como se vê na fumaça
por longas eras
eu esperei por você
Era esperado e sabido que você viria
As profecias não as escrevo mais em folhas
para serem dispersas pelo vento, se não forem recolhidas,
nem sou a única voz da Deusa
Sentei e esperei
e agora você está aqui
Pegue a minha escudela
contemple a fumaça em espiral
logo você ouvirá a voz dela
Meu dom de profecia eu dou a você
para usar como quiser
É hora de todas as mulheres serem sibilas
é hora de todas servirmos à Deusa*

Terceira Parte

As Cartas

Página	Deusa	Qualidade
41	Afrodite	Amor
43	Amaterasu	Beleza
46	Ártemis	Individualidade
48	Baba Yaga	Mulher Selvagem
51	Bast	Brincadeira
53	Blodeuwedd	Traição
57	Brígida	Inspiração
59	Cerridwen	Morte e renascimento
63	Coatlicue	Dor
66	Deméter	Sentimentos/Emoções
69	Durga	Limites
72	Eostre	Crescimento
74	Erínias	Crise
77	Esfinge	Desafio
81	Eurínome	Êxtase
84	Fréia	Sexualidade
88	Gildéptis	Síntese
91	Hator	Prazer
93	Hécate	Encruzilhada
96	Héstia	Lareira/Lar
99	Iemanjá	Entrega
101	Inanna	Abraçando a sombra
104	Ísis	Maternidade
107	Ix Chel	Criatividade
109	Kali	Medo
112	Kuan Yin	Compaixão
115	Lakshmi	Abundância
118	Lilith	Poder
122	Maat	Justiça
124	Maeve	Responsabilidade
127	Maya	Ilusão

Sugestão de Ritual	*Cultura/País*
Garanta seu espaço	Mediterrâneo
Banho de Beleza	Japão
Resgate a si mesma	Grécia
Resgate a Mulher Selvagem	Eslava
Hora de brincar com Bast	Egípcia
Jornada até Blodeuwedd	Galesa
Jornada até Brígida	Celta
O Caldeirão de Cerridwen	Galesa
Toque a dor no tambor	Asteca
Dizer o que sente	Grécia
O círculo sagrado do Eu	Índia
Crescimento	Europa Setentrional
O casulo	Grécia
Enfrente o desafio	Grécia
Dance com Eurínome	Grécia
Faça amor com os elementos	Europa Setentrional
Banquete na casa de festas de Gildéptis	Tlingit e Haida
Pausa para o prazer	Egito
Jornada da perspectiva de Hécate	Mediterrâneo
Volta para a casa	Mediterrâneo
Capitulação	Santeris, Brasil, Yorubá
Jornada para encontrar a sombra	Suméria
Jornada até Ísis	Egito
A teia de energia de Ix Chel	Maias
Enfrente o seu medo	Índia
Jornada até Kuan Yin	China
Flua com Lakshmi	Índia
Cerimônia de cortar a corda	Sudoeste da Ásia
Ceder a Maat para alcançar justiça	Egito
Dança da posse	Irlanda
Rompa os véus da ilusão	Índia

Página	Deusa	Qualidade
130	Minerva	Crenças
132	Morgana, a Fada	Ritmos
135	Mulher do Milho	Alimento
138	Mulher Mutante	Ciclos
141	Nu Kua	Ordem
143	Nut	Mistério
145	Oxum	Sensualidade
147	Oya	Mudança
150	Pachamama	Cura/Totalidade/Sagrado
152	Pele	Despertar
155	Rhiannon	Dúvida
157	Sedna	Vítima
160	Sekhmet	Ódio e raiva
163	Senhora das Feras	Relacionamento
166	Shakti	Energia
171	Sheila Na Gig	Abertura
174	Sofia	Sabedoria
176	Sulis	Doença/Saúde
180	Tara	Centralização
182	Uzume	Riso
185	Vila	Mudança de forma

Sugestão de Ritual	Cultura/País
O que há no meu sótão?	Romana
Jornada até Avalon	Celta
Refeição sagrada	Indígenas do sudoeste do EUA; povos aborígines e do *pueblo*: Arikara, Pawnee, Cheyenne, Mandan, Hidatsu, Abnaki, Cherokee e Huron
Celebre os seus ciclos	Navajo/apache
Jornada até Nu Kua	China
O abraço de Nut	Egito
O banho	Brasil
Encare a mudança como uma aliada	África, Brasil
Abra-se a Pachamama	Peru/Bolívia
O vulcão	Havaí
A alquimia da dúvida	Galesa
Dance sua vítima	Inuit
Dance com Sekhmet	Egito
Crie situações em que todos ganhem	Suméria, Creta, Índia
Orgasmo cósmico do chakra	Índia
Crie abertura	Celta
Ligue-se à Sofia interior	Sudoeste da Ásia
Relembre e reconstrua o fogo interior	Grã-Bretanha
Encontre Tara por meio da respiração	Índia, Tibete
Jornada até Uzume	Japão
Assuma a forma dos elementos	Europa oriental

Bibliografia

Allen, Paula Gunn. *Grandmothers of the light: A medicine woman's sourcebook*, Boston, Beacon Press, 1991.

Ann, Martha e Dorothy Myers Imel. *Goddesses in world mythology: A biographical dictionary*, Nova York, Oxford University Press, 1993.

Blair, Nancy. *Amulets of the Goddess: Oracle of ancient wisdom*, Oakland, Califórnia, Wingbow Press, 1993.

Blum, Ralph. *The book of runes: A handbook for the use of an ancient oracle: The viking runes*, Nova York, Oracle Books, St. Martin's Press, 1982.

Bradshaw, John. *Homecoming: Reclaiming and championing your inner child*, Nova York, Bantam Books, 1990.

Caldecott, Moyra. *Women in celtic myth: Tales of extraordinary women from the ancient celtic tradition*, Rochester, Vermont, Destiny Books, 1992.

Crowley, Vivianne. *Wicca: The old religion in the new age*, Wellingborough, R.U., The Aquarian Press, 1989.

Estés, Clarissa Pinkola. *Mulheres que correm com os lobos: Mitos e histórias do arquétipo da Mulher Selvagem*, Rio de Janeiro, 1998.

George, Demetra. *Mysteries of the dark moon: The healing power of the Dark Goddess*, San Francisco, HarperSanFrancisco, 1992.

Gleason, Judith. *Oya: in praise of the Goddess*, Boston. Shambhala, 1987.

Graves, Robert. *The White Goddess: A historical grammar of poetic myth*, Nova York, Farrar, Straus & Giroux, 1979.

_____ *The Greek myths*, vols. 1 e 2. Nova York, Penguin Books, 1960.

Jamal, Michele. *Deerdancer: The shapeshifter archetype in story and in trance*, Nova York, Arkana, 1995.

Johnson, Buffie. *Lady of the Beasts. The Goddess and her sacred animals*. Rochester, Vermont, Inner Traditions International, 1994.

Johnson, Robert A. *Ecstasy: Understanding the psychology of joy*. San Francisco, HarperSanFrancisco, 1989.

Lerner, Harriet Goldhor. *The dance of anger: A woman's guide to changing the patterns of intimate relationships*, Nova York, HarperCollins, 1989.

Liedloff, Jean. *The continuum concept: Allowing human nature to work successfully*, Leitura, Massachusetts, Addison-Wesley Publishing Company, 1985.

Matthews, Caitlin. *Sophia: Goddess of wisdom*, Londres, Mandala, 1991.

Monaghan, Patricia. *The book of Goddesses & heroines*, St. Paul, Minnesota, Llewellyn Publications, 1993.

Mookerjee, Ajit. *Kali: The feminine force*, Nova York, Destiny Books, 1988.

Morgan, Fiona. *Daughters of the Moon tarot*, Sebastopol, Califórnia, Daughters of the Moon, 1986.

Mountainwater, Shekhinah. *Ariadne's thread: A workbook of Goddess magic*, Freedom, Califórnia, The Crossing Press, 1991.

Murdock, Maureen. *The heroine's journey: Woman's quest for wholeness*. Boston & Londres, Shambhala, 1990.

Noble, Vicky, *Motherpeace: A way to the Goddess through myth, art, and tarot*, San Francisco, HarperSanFrancisco, 1994.

Paris, Ginette. *Pagan meditations: Afrodite, Hestia, Artemis*, traduzido por Gwendolyn Moore, Dallas Spring Publications, Inc., l986.

Pollack, Rachel. *Shining woman tarot*, Wellingborough, R.U., The Aquarian Press, 1992.

Sams, Jamie e David Carson. *Medicine cards: The discovery of power through the ways of animals*, Santa Fé, Novo México. Bear & Company, 1988.

Siegel, Bernie S., M.D., *Love, medicine & miracles*, Nova York, Harper Perennial, 1990.

Starhawk. *The spiral dance: A rebirth of the ancient religions of the great Goddess*, San Francisco: Harper & Row, 1979.

Stewart, R.J. *Celtic Gods, celtic Goddesses*, Londres, Blandford Press, 1990.

Stone, Merlin. *Ancient mirrors of womanhood: A treasury of Goddess and heroine lore from around the world*, Boston, Beacon Press, 1990.

_____ *When God was a woman*, Nova York, Harcourt Brace Jovanovich, 1976.

Wanless, James. *Voyager tarot: Way of the great oracle*, Carmel, Califórnia, Merrill-West Publishing, 1989.

Walker, Barbara G. *The woman's encyclopedia of myths and secrets*, Nova York, Harper & Row, 1983.

_____ *The woman's dictionary of symbols & sacred objects*, San Francisco, Harper & Row, 1988.

Weed, Susun S. *The woman herbal: healing wise*. Woodstock, Nova York, Ash Tree Publishing, 1989.

Wing, R.L. *The I Ching workbook*, Nova York, Doubleday & Company, Inc., 1979.